W0324645

Alessandro Cattelan – Niccolò Agliardi

MA LA VITA È UN'ALTRA COSA

MONDADORI

I fatti e i personaggi raccontati in questo libro, pur facendo riferimento ai testi delle canzoni citate, costituiscono frutto dell'elaborazione autonoma dei due autori e non hanno, ovviamente, alcuna corrispondenza con la realtà.

Crediti discografici
Chicco e Spillo: parole e musica di Samuele Bersani, Pressing.
Anna e Marco: parole e musica di Lucio Dalla © Copyright 1979 Universal Music Publishing Ricordi srl. Per gentile concessione di Universal Music MGB Publications srl via Liguria, 4 – Fraz. Sesto Ulteriano – 20098 San Giuliano Milanese, Milano.
Sally: parole e musica di Vasco Rossi, EMI Music Publishing Italia/Bollicine Edizioni Musicali/Star Edizioni Musicali.
Denny: parole e musica di Ivano Fossati e Pietro Cantarelli, Il Volatore.
Alice: parole e musica di Francesco De Gregori © Copyright 1973 Universal Music Publishing Ricordi srl. Per gentile concessione di Universal Music MGB Publications srl via Liguria, 4 – Fraz. Sesto Ulteriano – 20098 San Giuliano Milanese, Milano.
Sogna, ragazzo sogna: parole e musica di Roberto Vecchioni, EMI.

www.librimondadori.it

«Ma la vita è un'altra cosa»
di Alessandro Cattelan – Niccolò Agliardi

ISBN 978-88-04-57405-7

© 2008 Arnoldo Mondadori Editore S.p.A., Milano
I edizione aprile 2008

Indice

Ma la vita è un'altra cosa

ALESSANDRO

A K.K.
e al nostro bilocale a Garden State

"Ti ricordi quando ti ho detto che volevo cercare di capire me stesso, e poi tornare da te quando c'ero riuscito? È una scemenza, un'idiozia, un'idea orribile. E non intendo farlo. Perché è come hai detto tu: questa è la vita!"

Zach Braff

NICCOLÒ

Ai miei Amori che mi insegnano
ad andare in fondo alle cose

"È tutta musica leggera, / ma come vedi, la dobbiamo cantare. / È tutta musica leggera, / ma la dobbiamo imparare..."

Ivano Fossati

Non avevo mai pensato a che gusto potesse avere il vetro. Comunque, vista la trasparenza, avrei azzardato potesse avere il gusto dell'acqua. Neutro.

Invece era amaro. Molto amaro, e tagliente. Che non è proprio un gusto, ma più che altro una sensazione, tagliente, tra le labbra e i denti. Ho la bocca piena di pezzi di parabrezza andato in frantumi, e per quanto tenti di sputarli la sensazione di soffocamento non migliora.

Questa volta, per una volta, quello in ritardo sarò io.

Mi viene da vomitare. Ancora un po'.

Una scusa come la mia, però, lui manco se la sogna.

Christian

L'incontro

E va bene, sono un debole. Basta poco per farmi alzare una domenica mattina alle 7.30, prepararmi in tutta fretta, fare la doccia anche se non ne ho voglia, mettermi in ordine quel tanto che basta perché non si noti troppo che ci ho prestato attenzione, salire in macchina e avviarmi verso Brugherio.

Mai stato a Brugherio prima. Ora rischio di passarci ogni settimana, sempre di domenica, sempre di prima mattina, finché morte non ci separi. Amen.

Ho conosciuto Claudia la settimana scorsa a un concerto di un cantautore *intimistaeperquestotriste*, di quelli che ascolti quando hai raggiunto i trent'anni e stai attraversando una fase un po' "così" della tua vita; non ti senti completo, forse ti manca qualcosa. E come eventuale risposta non pensi mai: UNA LAUREA PERDIO!!!, visto che sei studente fuori corso da cinque anni e mezzo e i tuoi vorrebbero ucciderti. No, loro non ti capiscono, ti ripeti spesso, nessuno ti capisce. A parte il cantautore *intimistaeperquestotriste*. Lui sì, con le sue parole che scorrono profonde sottopelle, ti sta aprendo nuove vie...

Ti lasci pervadere dalle emozioni e, per un attimo, ti viene il dubbio che potresti anche essere gay.

Ci pensi bene e capisci che non lo sei, ma comunque avresti potuto esserlo. Allora ti chiedi quante altre cose ti sei potenzialmente perso nella vita e inizi ad avere voglia di sperimentare, di essere alternativo, di vedere se i calzini stanno bene anche portati sopra i pantaloni, di comprarti degli incensi da accendere in salotto, di iniziare a guardare retrospettive di film impossibili degli anni Settanta, di non usare più né l'orologio né il cellulare, di fare bungee jumping nudo in Trentino Alto Adige o altre cazzate alternative simili.

Ecco: quello era il tipo di serata che mi si presentava.

Ma io non avevo voglia di trovarmi a ciondolare da un ponte sopra l'Adige per quietare le paranoie dentro la mia testa.

Il locale ovviamente si adeguava alla situazione, frequentato da intellettualoidi in divisa. All Star ai piedi, pantaloni sgualciti, maglioncino leggero, meglio se con le toppe di velluto sotto i gomiti e con qualche buchetto da "caccola" di canna caduta per sbaglio. Sciarpetta lisa intorno al collo pure in piena estate, occhialini démodé, molti dei quali secondo me pure finti e, ogni tanto, libro impegnato sottobraccio.

Mi domando se questi sinistrelli dell'ultim'ora si rendono conto che a vent'anni alcuni stereotipi da "assenzio e Baudelaire" reggono pochissimo. Forse quella sera non avevano il libro impegnato appresso, ma sul resto sono stato abbastanza preciso.

Non che lei fosse diversa dalla massa in quel contesto, ma era un'intellettualoide che si faceva notare, come se sopra la sua testa ci fosse una grossa insegna al neon con scritto SONO COME LORO, MA MEGLIO. Un'oasi nel deserto quella sera. Tre, due, uno, via! Mi racconta che è a Milano per studiare Conservazione dei beni culturali ma che appena può torna a Recanati dove è nata e cresciuta perché è attaccata alle sue radici e perché il colle dell'*Infinito* ti dà una pace che non troveresti da nessun'altra parte al mondo.

Che, comunque, anche Milano non è male la domenica mattina quando non c'è nessuno in giro e che sta iniziando a adeguarsi al rito dell'aperitivo, ma non conosce ancora molta gente a parte i suoi compagni di corso.

«Quelli dell'università?»

«No, no... di quelli ne salvo giusto un paio; gli altri non si possono vedere. No, parlo dei miei compagni di corso di tiro con l'arco...»

Eccola qua la cazzata alternativa!

«Ahhhh... fai tiro con l'arco?»

«È una figata, dovresti provare. A parte il fatto che ti diverti all'aria aperta in campagna, che già ne vale la pena, in più ti aiuta a trovare il tuo centro, il tuo punto di equilibrio, e non solo fisico... Capisci?»

No.

«Sì, sì... fico.»

«Perché non vieni a provare domenica? Noi facciamo lezione tutte le domeniche mattina dalle nove fino alle undici e mezzo, mezzogiorno. Ce la prendiamo comoda, senza stress. Poi spesso pranziamo lì. Se vuoi andiamo insieme, non costa nemmeno molto e comunque la prima lezione è gratuìta.»

«Gratùita?»

«Va be', boh... è uguale no?»

«Insomma, è un po' come salsiccia o salciccia... ormai vanno bene tutte e due ma salsiccia fa più fine.»

«Ah... sei un esteta?» mi chiese con voce suadente come se la cosa l'arrapasse da morire. Mi sentivo già in gabbia.

«No, pignolo, a volte...»

Comunque Claudia mi ha convinto.

E ora sto cercando di "spannare" il vetro della mia macchina con il riscaldamento al massimo, mentre Brugherio si fa sempre più vicina.

Anche la ragazza più bohémienne quando si tratta di dare indicazioni è più precisa di un Google Earth. E infatti trovo subito il campo di allenamento.

Parcheggio dove vedo ferme altre quattro o cinque macchine e mi preparo a prendere confidenza con l'ambiente.

Entro nel bar del CAB, Circolo Arcieri Brugherio, e lì trovo un gruppetto eterogeneo di persone e personalità. Tra di loro Claudia, che appena mi nota dribbla due ragazzi intenti a sorseggiare un infuso di non so che cosa e mi viene incontro, come se fosse la mia fidanzata e io stessi tornando dal fronte.

«Pensavo non venissi!» Mi abbraccia e mi dà un bacio sulla guancia.

«Be', sai, la tentazione di rimanere a letto è stata forte, ma di fronte alla possibilità di trovare il mio punto di equilibrio, sia fisico sia mentale, non ho proprio saputo resistere.»

«Hai fatto bene, vedrai che ti sentirai migliorato.»

Va detto che Claudia non aveva un grandissimo senso dell'umorismo né, tantomeno, la capacità di notare la presenza di una certa dose di ironia o sarcasmo all'interno di una frase.

Va detto.

Iniziava a farsi strada dentro di me il presentimento che mi avesse preso sul serio.

«Vieni, ti presento un paio di ragazzi del corso...»

Ci spostiamo verso il bancone del chiosco bianco dove gli altri stavano facendo colazione.

«Lui è Peter, l'istruttore. È a lui che devi stare simpatico altrimenti avrai vita dura...»

Mi sorride sottolineando l'esagerazione dell'ultima frase.

«Christian, molto piacere.»

«Peter, piacere mio, felice di averti nel corso. Dì la verità, lo fai per provarci con Claudia eh?»

«Nooo! Io puntavo di rubare ai ricchi per dare ai poveri.»

«Ah ah ah, simpatico... Non so se riuscirai a essere il nuovo Robin Hood ma sicuramente ti servirà per trovare l'equilibrio.»

Fammi pensare, fammi pensare... fisico e mentale? Ma che cazzo, se la sono imparata a memoria?

«Equilibrio fisico e mentale, lo so, lo so... la vostra hostess mi ha già illustrato la brochure.»

Riprende la parola la hostess Claudia.

«Lui è Matteo, e lui è Samu. Sono poco più avanti di te nel corso, ma anche loro sono arrivati da poco.»

«Christian, piacere... anche voi ancora pericolosamente in bilico eh?»

«In bilico?»

«Niente, niente era una battuta. Per la storia dell'equilibrio... nulla... piacere Christian!»

«Ah, ok. Non l'avevo capita. Ciao, Samu!»

«Piacere, Matteo. Io invece mi sento ancora ciondolare sul filo.»

Meno male che almeno qualcuno di normodotato c'è.

«Ciao. Christian, molto piacere.»

«Ok, siamo tutti pronti, ci spostiamo in campo!»

È la voce di Peter che ci chiama a rapporto con il piglio di un gerarca nazista.

In fila con il nostro arco in dotazione mi trovo tra Matteo e una certa Lucia, a due o tre metri l'uno dall'altro e con il nostro obiettivo colorato a cerchi concentrici a una trentina di passi di fronte.

Sembriamo tutti un gruppo di militari schierati, con il sergente maggiore che passeggia davanti a noi spronandoci a voce alta in stile *Full Metal Jacket*. Tutti tranne me e Matteo, in apparenza gli unici due con un atteggiamento nettamente più vicino a *Scuola di polizia 1*.

Con la voce sufficientemente bassa per non disturbare la lezione, cerco di fare conversazione con quello che avevo già scelto come il mio compagno di banco.

«E tu come ci sei finito qua?»

«Omeopatia.»

Ok, mi ero sbagliato, è completamente scemo pure lui.

«Omeopatia? Ma tipo le medicine?»

«Esatto. Qualche volta soffro di DAP. Disturbi da attacco di panico. E il mio medico omeopata sostiene che quando manca un centro dentro di noi è più facile trovarne uno anche attraverso una serie di esercizi del corpo. Dice che il tiro con l'arco aiuta nella ricerca dell'equilibrio, della concentrazione e del perseguimento degli obiettivi.»

Oh cazzo, pure lui con 'sta storia...

«Mi rendo conto che la cosa suoni un po' new age, ma nel complesso non è una considerazione del tutto stupida.»

Non riesco a trattenere una risatina incredula e irriverente.

«Che ti ridi, la ricerca dell'equilibrio è una roba seria, credo.»

«No, no infatti, lo so. Ho sentito di gente che ne è morta. Loro però si curavano con le bocce. Il tiro con l'arco è all'avanguardia... Stai in una botte di ferro!»

Matteo sembra divertito, ma di quei divertiti che però non ridono e non hanno la minima voglia di essere immolati sull'altare delle vittime dell'umorismo altrui. Anzi, passa al contrattacco.

«Comunque è fidanzata!»

«Eh?»

«È fidanzata!»

«Sì, ho capito... ma chi?»

«Claudia.»

Colpito e affondato.

Che stronza! Come è fidanzata!? Quindi io ho buttato via ore preziosissime di sonno per niente. E che stronzo pure lui a dirmelo così...

Be', in fondo l'ho stuzzicato con la storia dell'omeopatia. Me lo merito.

«Ah sì, e con chi?» gli chiedo a denti stretti tendendo la corda dell'arco per camuffare la smorfia di chi sta rosicando di brutto e farla passare per sforzo fisico.

«Con Peter, mi sembra evidente.»

Che stronza! Con il gerarca? Mi giro a cercarlo con lo sguardo ed effettivamente Claudia è lì di fianco a lui, che gli si strofina sorridendo mentre lui la aiuta da dietro a tendere la corda dell'arco come in un film con Richard Gere e Julia Roberts.

«Quindi lui la manda in giro a adescare prede per il suo cazzo di corso di tiro con l'arco?»

«Yesss!»

«Ma è un magnaccia!»

«Ohhhh yesss!»

«E tu a che punto del corso sei?»

«Io ho già pagato questo mese quindi arrivo fino in fondo. Tiro avanti altre tre domeniche poi si vedrà.»

«Io, caro mio, mi sa che ho chiuso oggi!»

E invece ci sono andato anche la domenica dopo. E quella dopo ancora.

Non per Claudia, non per tentare di contenderla al gerarca Peter, ma perché dopo la prima lezione, tornando a casa, mi ero reso conto che con Matteo mi ero proprio divertito. Ci siamo scambiati i numeri di telefono e ci siamo visti in settimana per un paio di birre.

Siamo arrivati così al 23 dicembre e tutta la squadra di tiro con l'arco si è data appuntamento in corso Como a Milano per un aperitivo alla moda seguito da una *cena sociale* (ma pensa te) in un agriturismo appena fuori città.

Una *piacevole occasione* (ma ripensa te) per scambiarsi gli auguri *diunbuonNataleeunfeliceannonuovo* e, in alcuni casi, qualche regalo.

Ci siamo anche Matteo e io, ormai entrambi piuttosto decisi che con l'anno nuovo avremmo cambiato hobby. O almeno temporaneamente sospeso quello della ricerca dell'equilibrio.

'Fanculo Claudia e 'fanculo pure alle intuizioni dell'omeopata.

Arriviamo insieme all'aperitivo ed entriamo nel locale dove gli altri hanno già quasi tutti un drink in mano e alcuni di loro sono addirittura già ubriachi.

Non c'è nulla di più triste del vedere persone che non bevono mai e che non escono mai di casa durante tutto l'anno vivere la cena di Natale come un militare vivrebbe la sera del congedo dalla naia. Un momento di totale anarchia nei confronti di se stessi.

Sarò snob, ma sembrava di stare sul set de *La rivincita dei Nerds*.

Matteo e io prendiamo una birra in bottiglia e ci mettiamo un po' in disparte continuando i discorsi semiseri che stavamo affrontando in macchina, nulla di troppo impegnativo: riesci a mantenerti facendo il giornalista musicale? Accetti i

18 o tieni alla media? Ti è piaciuto l'ultimo disco dei Gorillaz? Veramente non segui il calcio? Ti devo assolutamente portare a San Siro a vedere l'Inter... e via dicendo.

Sono già le nove, io e Matteo non abbiamo ancora rivolto la parola praticamente a nessuno se non per qualche *buonNataleeunfeliceannonuovo* e già ci dobbiamo spostare verso il ristorante.

Tu in macchina con tu... tu con tu, e voi con tu...

Ok, macchinate fatte. Resta Samu.

«Allora io vengo con voi?»

«Mmh...»

Pericolo in area di rigore. Samu sta per calciare a botta sicura, Christian è in ritardo, non può intervenire... Samu sta per segnare... Ma ecco sulla linea sbuca Matteo...

«Eh, Samu, sì... ma ho la macchina pieni di scatoloni di libri dietro, sto traslocando, abbiamo solo due posti. Cioè ci si potrebbe stare anche in tre, ma... ttiggiuro, strettissimi.»

Salva all'ultimo Matteo in spaccata! Salvi!

«Ah, ok... boh, allora mi sistemerò in qualche altra macchina.»

Ecco Christiaaaaaan... Christian si rialza in piedi scatta in avanti e fa partire il contropiede.

«Sì. Ci sono Claudia e Peter che sono in macchina da soli...»

«Ah, ok, ma credo che abbiano un inciucio... non vorrei disturbarli.»

«Inciucio? Ma vaaaa. Nooo, scherzi? Sono solo amici.»

Matte si gira e urla a distanza: «Peteeeer... avete un posto per Samu? È senza passaggio!».

La botta da fuori... brivido...

«Mmh... uhhh... certo certo... siamo solo io e Claudia... certo... Samu viene con noi!»

GOL.

«Ci siamo tutti? Possiamo andare? Bene!»

Uno a zero per noi. Povero Samu, non ci aveva fatto nulla, è un ragazzo educato, completamente privo di senso dell'umorismo ma non è certo antipatico, non dà fastidio, cura la sua igiene personale e non è un fan della musica techno... Apparentemente non è un ragazzo per il quale avresti dei problemi a dargli un passaggio in macchina verso il ristorante, ma non faceva parte del nostro circolo di "amichetti simpa del tiro con l'arco". Quello era un circolo abbastanza chiuso. Ne facevamo parte solo io e Matteo. Nessuno aveva ancora avuto l'onore di ricevere la tessera esclusiva.

C'è molta differenza tra il non essere antipatico e l'essere simpatico. Io, per esempio, avevo elaborato attraverso il mio amico Marcello un metodo abbastanza infallibile per capire con chi valesse la pena di instaurare un'amicizia e con chi no: gli doveva piacere il film *I Tenenbaum*! Quello con Gene Hackman, Ben Stiller, Owen Wilson eccetera.

«Ti piacciono *I Tenenbaum*?»

«Boh, sai, non l'ho mica capito bene come film... cioè non si capisce se è comico o drammatico, cioè fa ridere o piangere? Non si capisce...»

Ok, marchiato a fuoco. Tu non sarai mai mio amico-amico.

Il fatto stesso che tu non riesca a concepire una parte, seppure minima in alcuni casi, di comicità nel dramma o un aspetto drammatico nella commedia ti rende noioso.

Il fatto stesso che ti debba essere suggerito da qualcuno se devi ridere o piangere ti rende un idiota. Noioso *featuring* idiota non è il meglio per nessuno... Figurarsi per un amico-amico.

Mi odio quando ragiono così, ma a volte la vita si basa su alcuni postulati innegabili.

Entriamo in macchina e ci mettiamo in coda alla carovana.

Passiamo tre semafori e Matteo abbassando il volume dell'autoradio si gira verso di me e dice: «*Palmizio?*».

«Come?»

«*Palmizio!* Cioè, ci siamo già rotti i coglioni?»

«*Palmizio* sì, decisamente! Ma perché *palmizio*?!

«Niente, così. Me lo sono appena inventato. *Palmizio* vuol dire *schiodiamo*. Facciamo che *palmizio* vuol dire *schiodiamo*.»

«Certo che per avere trentadue anni parli un sacco ggiovane...»

Matteo rallenta al semaforo giallo. Rosso.

Quando arriva il verde mette la freccia e svolta dalla parte opposta rispetto a Peter e compagnia.

C'è molta differenza tra il non essere particolarmente coinvolti e l'essere snob.

Da quel giorno *palmizio* è il nostro bat-segnale. La parola magica da dire in situazioni di noia totale. Come due bambini capricciosi.

Come due snob del cazzo.

Dopo dieci minuti dal *palmizio* ufficiale è arrivato solo un messaggio sul telefono di Matt in cui qualcuno della simpatica combriccola si domandava dove fossimo finiti.

Credo che lui abbia risposto con una delle sue gigaballe che ho imparato a conoscere nel tempo, tipo roba di chiavi di casa che non si trovano e sorella che ne ha un mazzo di riserva e che quindi deve raggiungerla subito perché abita lontano e deve andare a dormire... Pastrocchi del genere.

Nessuno, pare, si è risentito particolarmente della mancanza del nostro contributo alla serata e sinceramente non potevamo dargli torto.

Siamo stati più che impalpabili comunque.

Poi abbiamo chiamato Sara & Sara, due amiche di Matteo che fanno le ballerine.

Carine, leggere e disimpegnate. Niente approcci interessati. Birrette e chiacchiere.

E con loro ci siamo divertiti.

Matteo

Qualcosa su noi due

Ecco, questa è più o meno la storia del mio incontro con Christian.

Naturalmente raccontata alla sua maniera.

Lascio correre e soprassiedo sulla specifica di alcuni particolari.

Ma in fondo è andata così. O quasi così.

La cosa incredibile è che da quel giorno Christian non mi ha mai chiesto niente di ciò che è successo nella mia vita prima del nostro incontro.

Qualcosa lo ha intuito, altro gliel'ho imposto io raccontandomi quando se ne presentava l'occasione, molto resta ancora da dire.

Eccolo, Christian, irriverente e impunito.

Eccolo il mio Christian. Quello che ho cercato per anni di presentare a me stesso senza capire che non ci sarei mai riuscito se non avessi smesso di appiccicargli addosso codici e pensieri che non sono mai stati suoi. E mai lo potranno essere.

Quelli erano e sono i *miei* codici e, come per i colori dei vestiti, non è detto affatto che stiano bene su tutti. Per esempio, Chris riesce a indossare un imbarazzante golf viola buganvillea senza nemmeno dare troppo nell'occhio. Se lo mettessi io sarei ridicolo e rischierei pure di essere preso per il culo.

Da lui per primo. Ecco Chris. Parlo io per lui.

Non perché lui non sia capace di parlare di sé, anzi lo fa spesso e volentieri.

Ma solo per quanto riguarda tutto quello che scorre fino al sesto grado di pelle.

Dal settimo – quello più vicino alla carne – in giù, io sono indubbiamente il migliore dei due.

Dice in giro che io sono "la sua fidanzata" senza nemmeno darmi la possibilità di una declinazione al maschile. Il tutto per liberare il campo da qualunque illazione sul suo orientamento sessuale e per buttare anche il nostro rapporto – indiscutibilmente particolare – nella grande macedonia dell'ironia dove tutto è concesso e dove tutto è possibile.

Se poi però, qualcuno mi chiama "la sua fidanzata" in mia assenza, orfano quindi della seconda stampella che regge lo scherzo, rischia di stranirsi per davvero.

Comunque a entrambi piacciono le donne. Questo lo abbiamo accertato nel tempo.

A lui di più.

Sull'approccio iniziale io sono imbattibile. Poi finisco col contemplarle. Lui ci finisce a letto.

A poco servirebbe sottolineare che nella fase *intro* Christian è una mezza sega. Convengo con lui che nel bilancio finale conti il risultato.

Siamo su una media di dieci a due per lui.

Ma oggi abbiamo rispettivamente trentadue e ventisei anni e certe medie da Bar Sport potremmo pure archiviarle e dedicarci ad altro.

Io sono Matteo e vado in giro in bicicletta sostanzialmente per due validi motivi. Il primo è che ho molto tempo libero. Attenzione: ciò non equivale al fatto che io sia uno sfaccendato extratrentenne, pseudodisoccupato con la felpa col cappuccio.

È che per mestiere scrivo. E scrivo quando mi pare (tranne quando vado in bicicletta, anche se spesso mi vengono un sacco di idee mentre pedalo).

Il secondo motivo è che prima di incularmi la bicicletta mi

hanno vaporizzato anche quattro motorini. E scrivere significa anche non avere sufficienti denari liquidi da comprarmi il quinto.

In verità ce ne sarebbe pure un altro di motivo per cui sgambetto in giro per Milano.

Da quando avevo diciott'anni la legge italiana non interpretabile in altro modo prevede l'utilizzo del casco anche per i "cinquantini".

Un piccolo problema psico-tricologico di stempiatura mi portava all'assillo che fosse il casco la causa di tale insopportabile inestetismo. Quindi, per tagliare la testa al toro, e per una vanità applicabile anche all'addome (è noto che un po' di moto favorisce una certa piattezza di pancia), oltre alla testa del toro ho scelto di tagliarmi anche i capelli a zero, optando per le due ruote ecologiche.

Oggi, in definitiva, sono rimasto solo con la mia testa liscia e sulla mia bici immagino un capellone drogato che scorrazza per la fiera di Sinigallia cercando di rivenderla, magari pure allo stesso prezzo di quello che ho pagato io per averla. Nuova.

Conosco Christian da quasi sette anni e la sua presenza ha contribuito in molte occasioni a dare o a togliere senso alla mia.

Mi spiego: è piuttosto evidente che chi ha visto almeno una volta Venezia nella vita ragioni in maniera diversa da chi non l'ha mai vista.

Chi ha viaggiato per il Centroamerica a diciott'anni con pochi soldi disponibili e il filo interdentale valido sia da passare tra i denti sia per cucirsi lo zaino sgualcito vede una riunione condominiale da un punto di vista diverso rispetto agli altri condomini.

Ora, non voglio attribuire a Chris il valore storico ed estetico di Venezia (ha un naso sgraziato e non cita Dante a memoria), ma, per quanto mi metta a disagio ammetterlo, questo ragazzo ha indiscutibilmente avuto e ha un ruolo determinante nella mia vita.

Ha scomposto e, in molte occasioni, pure fratturato i miei pensieri e la mia quotidianità.

Sono Matteo, ho trentadue anni, vivo a Milano, soffro di ansia e sono un giornalista musicale. O meglio, scrivo di musica italiana per un giornale e per alcuni siti musicali, ma non ho ancora avuto il coraggio o la volontà di iscrivermi al corso di giornalismo. Mi preoccupa l'idea di dover affrontare l'esame per l'iscrizione all'albo. Non so perché.

In fondo mi sono già portato a casa una laurea in Lettere moderne. Quindi dopo quattro anni, più un altro paio di fuori corso e ventidue esami più tesi, dovrei essere piuttosto collaudato a livello di sindrome da prova scritta e prova orale. Ma se è vero che gli esami nella vita non finiscono mai, è altrettanto vero che preferisco evitare di piazzarmi deliberatamente di fronte a una nuova commissione.

Gli sguardi indagatori e severi dei professori e la fronte imperlata di sudore di un fantomatico controrelatore meridionale (in verità, la mia era una dolcissima e accomodante professoressa di geografia) me le porto appresso nei sogni una notte su due. E visto che con quell'immagine, ormai, ci ho fatto quasi amicizia, preferirei evitare di dover fare nuove conoscenze con altri fantasmi dell'inconscio.

Del resto, non mi manca né un inconscio altamente fantasioso né il lavoro, e dunque non mi posso nemmeno lamentare troppo.

Medio guadagno, totale libertà di orari, nessun ufficio e quindi nessun badge. Scrivo di cose che mi appassionano. Nonostante tutto sono un privilegiato. Ecco la parola chiave: "nonostante", attorno alla quale gira tutta la mia storia. Vivo di nonostante e di malgrado.

Sono zeppo di dubbi.

Sono un generatore di ansie. Dicevo. Di tutti i generi e di tutte le forme.

Da quasi dieci anni, per questa ragione vado dalla psicologa.

Il rapporto tempo-guarigione farebbe seriamente dubitare sulle capacità terapeutiche della mia Psycho (la chiamo così, con i miei amici per sdrammatizzare un po'...) in realtà credo che la dottoressa Guidelli sia una grande donna.

Mi ha conosciuto che ero poco più di un bambino nel pieno delirio degli attacchi di panico.

Tra i vari pregi clinici e umani che le riconosco, il più grande in assoluto è la sua capacità persuasiva nel pronunciare la magica formula del "Tranquillo, che passa tutto". Lo dice con dolcezza ma con decisione.

E io ci credo. Solo che ho bisogno di sentirmelo dire spesso, quindi una volta alla settimana, o una volta ogni quindici giorni nei periodi in cui sono più tranquillo, vado da lei.

Per fortuna il passaggio dalla lira all'euro non ha acceso sogni di lucro nei suoi occhi e siamo rimasti d'accordo su una cifra veramente popolare. Rigorosamente in nero e senza fattura.

Quindi sono lieto di constatare che le mie vertigini psicologiche e dell'anima non hanno finanziato alcuna piscina all'ultimo piano di un attico milanese.

Tutt'al più valgono un buon divano o un traballante soppalco Ikea.

Ho riscoperto il piacere della modalità automatica.

Provate a chiedere a un millepiedi come fa a muovere tutte quelle gambette a sincro senza incasinarsi.

Una cattiveria più grande non potreste fargliela.

Lui non ci pensa. Le muove e basta. Pensarci vorrebbe dire paralizzarsi. Ecco, in sintesi estrema, l'ansia. E da qui, essendo io contrario a ogni tipo di medicinale, via libera alle pallette omeopatiche.

Poco importa se il novanta per cento della popolazione mondiale è pronta a salire sul rogo per dimostrare la totale inefficacia delle pallette.

Mia madre mi ha stordito con 'sta fissa dell'omeopatia.

E ora io, per primo, me ne faccio portabandiera.

Non fosse altro che per colpa o per merito di queste pallette e del medico steineriano che me le prescrive ho incontrato Christian.

Sono uno che si fa domande.

Ma le faccio anche quando non serve.

Quando si ha già la risposta non bisognerebbe farsi troppe domande.

Come l'arcobaleno. È utile domandarsi perché è bello?

No. È bello e basta.

Anzi, sapere se è il sole che si infrange nel vapore acqueo o se è la pioggia che incontra i raggi del sole toglie poesia allo spettacolo.

Possiamo cambiare l'ordine delle parole ma la bellezza dell'arcobaleno non cambia.

E poi l'arcobaleno, quello vero, quello raro, che unisce i due estremi della città dopo un temporale, dura talmente poco che buttare via il tempo a cercare spiegazioni fisico-scientifiche invece di ammirarlo e di goderselo sarebbe demenziale.

Ma fare questa premessa è come darmi dell'imbecille da solo.

Io mi riempio di domande anche quando non serve.

E la cosa peggiore è che investo dei miei punti interrogativi anche le persone che amo. Loro, a volte, si scocciano.

Qualcuno prova a rispondermi; Christian è uno di quelli che si scoccia.

Molte volte, in questi anni, ho provato a chiedergli cosa ci stesse legando.

Perché due persone diventano amiche come lo siamo io e Chris?

Perché arrivano ad amarsi e detestarsi con la stessa intensità a distanza di pochi istanti?

E perché, poi, il destino unisce due uomini tanto diversi tra loro e li porta pure a soffrire a causa di quella stessa unione?

Chris a queste domande non ha mai risposto.

Ora tocca vedere se fossero più stupide le mie questioni o più pericolose le risposte che potevano arrivare.

Fatto sta che a volte, ma solo oggi e nemmeno con poche difficoltà, riesco a capire da solo, tra il numero sterminato di domande che mi faccio tutti i giorni, quali sono effettivamente del tutto inutili.

Qualche anno fa sono stato capace di paralizzarmi davanti

a una semplice richiesta di una cameriera del Luca's Bar alle Colonne di San Lorenzo, che mi ha chiesto se l'aranciata la preferivo con o senza ghiaccio.

Al momento, con una certa disinvoltura, ho detto "senza", ma il dramma è iniziato sulla strada verso casa.

Questa cosa della scelta del ghiaccio nell'aranciata ha cominciato ad assillarmi perché non ero del tutto sicuro che la preferivo senza.

Sono andato avanti due giorni a pensarci.

Poi ho stabilito con un buon grado di precisione che questa era una delle domande inutili.

Per fortuna ora entro in un pub dove non servono troppe sinapsi neuronali.

La birra è indiscutibilmente meglio fredda, senza ghiaccio.

Ho appuntamento alle sei con Chris.

Christian

Aspettando Matteo

E dire che mi ero promesso di non tornarci più in questo posto. Non che fosse brutto, anzi era stato il mio locale di riferimento fino a prima che mi lasciassi con la mia ragazza e che lei si facesse assumere lì come barista proprio la settimana dopo.

«È solo un caso, mi ha dato la dritta una mia amica che lavorava qui fino a qualche tempo fa; niente di che...» aveva detto lei «e poi se mi hai lasciato tu con la scusa che abbiamo vite e interessi troppo distanti, che te ne può fregare adesso di dove lavoro io?»

A rigor di logica non faceva una grinza, ma sappiamo tutti che non va così.

Lei faceva finta di niente e quando prendevo da bere non mi faceva pagare, anzi, rincarava la sua dose di gentilezza, sperando di incrementare qualche senso di colpa, con un sorriso malizioso e complice totalmente fuori luogo.

Non stava offrendo una pinta all'uomo col quale avrebbe potuto dare inizio a una lunga storia d'amore, ma a quello che la storia l'aveva distrutta. Colpevole. E anche un po' a disagio.

Io uscivo con i miei amici il venerdì e la trovavo lì con la sua maglietta nera con il logo del pub all'altezza del seno sinistro e il nome scritto sulla schiena come una pallavolista.

C'era scritto Giulia, ma lei si chiama Laura. Giulia era la ragazza che lavorava lì prima di lei.

Laura era in attesa di una maglietta nuova e questo temporaneo scambio di identità dava spunto di conversazione a un numero infinito di tamarri da bar che potevano compiere evoluzioni mortali nello sconfinato mondo degli approcci pietosi. «Mi fai due medie chiare... Giulia?»

«Certo, arrivano subito, comunque mi chiamo Laura.»

«Non importa, qualunque nome ti starebbe bene...»

Volevo vomitare ogni volta. Per fortuna anche lei.

In fondo eravamo stati insieme per quattro anni. Non poteva essere una che subisce il fascino di certe cazzate, sebbene io, di quelle certe cazzate, in alcuni momenti, fossi capace di esserne l'imperatore.

Nell'ultimo periodo, poi, viene fuori che lei si è fidanzata con un tipo che conosco, e la cosa mi ha irritato ancora di più. Ma non per gelosia machista, sia chiaro, non sono il tipo... cioè, forse solo un po', ma soprattutto perché ora la guardavo e mi sembrava felice, serena e appagata come probabilmente io non ero mai riuscito a farla sembrare e questo mi stava profondamente sul cazzo.

Ma tant'è... Maradona è nato per fare gol impossibili, i Beatles per scrivere pezzi universalmente stupendi e io per riuscire a farmi odiare anche da donne prossime alla beatificazione.

Non c'è che dire, ci vuole un discreto talento, e io lo avevo. Forse ce l'ho ancora.

Ho un appuntamento alle sei con Matteo.

È stato lui a insistere perché ci si trovasse qui. Ho provato a spiegargli tutte le mie perplessità e imbarazzi vari, ma ha minimizzato com'è suo solito.

Quindi per evitare discussioni "di principio" al telefono ho liquidato la cosa con un "va be', va be' va be'...". Che non significa "va bene"; è più un "va bene, però..". E anche se il "però" si perde strada facendo, mi fa sentire di non aver ceduto completamente.

Entro nel pub, mi guardo in giro e poi punto il bancone. Vedo Laura, la saluto con un sorriso cortese ma sofferto a far intendere che ho avuto una giornata infernale.

«Ciao, com'è?»

«Non c'è male... si lavora. Tu? Giornataccia?»

«Sì, un deliro... mi fai una Guinness?»

Non era vero. Non avevo fatto praticamente niente da quando mi ero alzato (tardi). Era il terzo giorno di ferie e ne avevo davanti ancora un bel po'.

Dopo una fallimentare carriera universitaria ho trovato lavoro come agente d'assicurazioni. Curo un paio di clienti importanti, e sbrigati quelli sto abbastanza tranquillo.

«Come mai delirio? Robe di lavoro?»

«Seeee... in questo periodo è un inferno... meno male che da domani sono in vacanza.»

Perché a volte si dicono cose che non si pensano? A volte hai dei motivi per farlo, e allora si chiamano bugie, ma a me capita di dire cazzate tanto per dirle. Forse perché non mi va che mi si facciano troppe domande, non ho voglia di condividere i miei pensieri veri con gli altri o forse perché se di chiacchiere di circostanza si tratta, tanto vale che siano le più banali possibili.

«Come mai qua solo? Non è da te. La tua fidanzata è in ritardo come al solito?»

Panico. La mia che?!

Qualcuno ha messo in giro falsità?

Ok, ho visto un paio di ragazze nell'ultimo periodo ma nessuna di loro si è mai potuta considerare la mia fidanzata. Di chi sta parlando? Di Serena? Serena è l'ultima in ordine di tempo ed è l'unica ragazza che ho visto per più di due volte. Fa la parrucchiera e si vede, ha una bellissima testa di capelli ricci neri e gonfi. Tipo Caparezza, però con due tette favolose.

È durata il giusto, dicevo. È durata poco. È durata finché lei non mi ha detto che voleva una svolta nella nostra "relazione" e che trovarci solo per scopare in macchina il venerdì sera era roba che poteva andare bene a vent'anni. Ora aveva bisogno di darsi degli obiettivi con un uomo, vedere un domani. Sacrosanto.

Ciao Serena...

Con lei mi ci vedevo al limite quindici minuti più in là. Non credo sia la solita faccenda del cinismo maschile; o ancora peggio, la vecchia omelia della sindrome di Peter Pan. Credo piuttosto che non riuscire a capire la situazione in cui ci si trova, in genere, sia una colpa. Se dopo un mese che ci "frequentiamo", non siamo mai stati a cena o al cinema o abbiamo fatto un aperitivo o preso un caffè, non abbiamo mai scambiato un'opinione su nulla, né ci siamo mai chiesti un consiglio su qualsiasi argomento, non ti ho mai chiesto "come stai?" né ti ho mai fatto nessun altro tipo di domanda se non un generico e tristissimo "ti è piaciuto?", oltretutto pronunciato più per etichetta e non perché realmente mi interessasse; se non c'è mai stato un solo indizio che potesse farti pensare a un minimo di coinvolgimento, come ti può venire in mente che quel rapporto potesse avere una svolta e vederci addirittura qualcosa in più di sporadici incontri di sesso?

Errore tuo, cara mia, errore tuo... ma fortunatamente non sono il tipo che porta rancore. Una stretta di mano virtuale, abbiamo fatto sesso per l'ultima volta e non ci siamo più visti.

Eravamo in macchina. Era venerdì.

Non sta quindi parlando di Serena...

«Chi è che è in ritardo?»

«La tua fidanzata... Matteo è in ritardo o oggi sei qua da solo?»

«Ahhhh...»

Hai presente quando il tuo capo al lavoro ti racconta una barzellettona che non fa ridere e tu vorresti spaccargli un bastone nodoso sulla schiena invocando un diluvio universale a mondare la terra da gente come lui, e invece non riesci a fare di meglio che accennare un sorriso un po' imbarazzato?

Eccomi lì davanti a lei!

«Ahhhh ok, Matteo... sì in realtà sto aspettando lui, infatti. Dice che mi vuole parlare di una cosa importante di cui ancora non so niente. Ma sai com'è, lui... è sempre un po' teatrale... sarà una minchiata. E tu?»

«Io cosa? Se sto aspettando la tua fidanzata?»

«Certo, quello! Tu come stai, no?»

«Io abbastanza bene tutto sommato, anche se vorrei essere al tuo posto, a un giorno dalle ferie.

«Voglio andare al mare. Non pensavo che a trasferirmi qui mi sarebbe mancato così tanto il mare. Io e Gigi volevamo andare a Capo Verde due settimane... Dicono sia bello... Poi lui ha la passione per il kitesurfing.»

Sì, ok, va bene, bastava dire che volevi andare al mare, tutto qua. Non serviva aggiungere con chi, dove, quando, perché, chi ti avrebbe spalmato la crema sulla schiena e quante volte vi sareste accoppiati sfruttando quel po' di tempo a disposizione solo per voi.

Vuoi andare al mare: poche parole, efficaci, inoffensive. Ora lo immagino mentre esce dall'acqua dopo aver surfato e tu che gli vai incontro in topless correndo al rallentatore come Carmen Electra nella sigla di *Baywatch*.

Gigi... che cazzo di nome poi? Se mai avessi un figlio, mai lo chiamerò Gigi. Gli darei un nome più da uomo... che ne so... Piuttosto Lothar, Thor, Hulk... Eddie Murphy. Roba così.

«Be', fico... Spero vi divertirete, ma sicuramente sì...»

In quel momento entra Matteo che mi saluta con un coppino da dietro. «Ciao scemo! Scusa il ritardo; mi hanno inculato la bici e sono venuto con i mezzi... cazzo proprio sotto casa e in pieno giorno! Ho un nervoso...»

«Sei ridicolo quando vai in bici, ti hanno fatto un favore.»

«Sono splendido quando vado in bici. Le donne si voltano e impazziscono, quando vado in bici.»

«Quando andavi in bici...»

Mi guarda con un misto di noncuranza e sdegno e poi si gira verso il bancone.

«Ciao Lauretta, come va? Fai una media anche a me?»

A Laura sta simpatico Matteo. Dice che fra tutti i miei amici è l'unico che le sembra abbia un po' di sale in testa.

Io e Matte prendiamo le nostre pinte e ci spostiamo dal bancone a un tavolino più all'interno del locale. Non mi va che Laura ci ascolti, appoggiamo i giubbotti su uno sgabello libero e iniziamo a chiacchierare...

Matteo

Il piano di partenza

«Com'è?»

«Di tutti i posti questo ti è sembrato il migliore?»

«Ancora con 'sta storia... a parte che il ruolo della vittima in amore non ti si addice per un cazzo, ti consiglio di metterci una pietra sopra.»

«Grazie!» mi risponde ironico. «Pensi non ci abbia provato? Non ci riesco, mi sembra tutto sbagliato. Il fatto che non siamo insieme, intendo. E mi sembra così evidente che lo sia, da diventarci matto al solo pensiero.»

«Ma sbagliato cosa? Lei ti voleva bene, tu l'hai trattata di merda, lei ti avrebbe perdonato, ma tu non sei nemmeno riuscito a sopportare il peso del suo perdono. Ora lei sta con un altro, sembra felice, probabilmente la lezione ti è servita, godetevi le vostre vite. Punto.»

Christian non sembra convinto nemmeno un po' ma la sua curiosità è evidentemente più arrembante delle sue sofferenze.

«Vabbe', vabbe'... quindi? È da stamattina che ci penso. Cosa mi dovevi dire?»

«Chi, io?»

Non è da me temporeggiare con le domande retoriche.

Questo, però consente a Chris il lusso di una di quelle insopportabili battute primi anni Novanta del tipo: «No, mia nonna!» senza sembrare troppo démodé.

Infatti la dice: «No, mia nonna!».

«No, è che, in realtà, a tua insaputa ti ho tirato una supersòla... Cioè ti stavo organizzando una cosa figa, ma nel frattempo temo sia già saltata.»

«Mmh?!»

«Doveva essere una roba seria, anzi, serissima. Del tipo: telefonata stamattina dalla redazione di "Music Ring" che mi chiede se per caso fossi interessato a seguire per un mese e mezzo un team di produzione musicale in Brasile.»

«Qualunque cosa fosse; ti prego, prima di proseguire col racconto, recuperala!»

«Ascolta... Insomma c'era in ballo 'sto progetto "equomusicale" dove alcuni musicisti italiani incontrano musicisti di Salvador de Bahia nati e cresciuti nelle *favelas* e insieme danno vita a un EP per il mercato italiano a sfondo benefico, per la raccolta di fondi destinati alla tutela dei diritti dei *meniños de rua*.»

«E tu, scusa cosa c'entri? Sei un *meniño de rua*, con la tua bella casetta in centro a Milano? Non mi pare. Sei un polistrumentista, se a malapena reggi – e solo quando ti assiste la fortuna – un bel giro di Do? Non mi pare. O sei stato a cena con Paola Maugeri e Jovanotti e ti sei convinto che al mondo ci siano tante, ma tante ingiustizie?»

«Dài, scemo. Mi hanno ventilato la proposta di andare al seguito, per scrivere un pezzo per il numero di "Music Ring" di ottobre che, probabilmente, sarà la rivista partner del progetto. E io ti proponevo di venire con me e di smezzarci l'altro biglietto.»

«Ripeto: ti prego, recuperala!» Si scalda Chris mentre sorseggia.

«Poi però mi ha richiamato una certa Marina, dicendo che probabilmente il Viviani, che è il direttore nonché il padrone del giornale, ci avrebbe mandato suo nipote. Che tanto sta studiando filosofia ed è un po' appassionato di musica...»

«'taaaccisua. Al Viviani e a suo nipote. Che poi, cazzo c'entra che studia filosofia e ascolta un po' di musica?!»

«E quindi?»
«Quindi niente.»
«Quindi siamo qua per niente. Anzi, peggio: siamo qui per brindare al viaggetto dell'inutile studentello che ascolta tipo i Finley, nipote del Viviani! Vaffanculo.»
«Oh vabbe'... perché? Puzzo così tanto? Possiamo anche berci una birretta tanto per...»
«Mmh... peccato perché sarebbe stata una svolta.»
«Oh» cerco di cambiare improvvisamente discorso, per distrarre Chris dall'occasione persa e per evitargli rimuginamenti che avrebbero portato a insultini fastidiosi per tutta la sera minando prima la mia credibilità e poi la mia pazienza, «prima, appena stavo entrando, c'erano due di quelli che vendono le rose per strada, due pachistani, che probabilmente stavano litigando per il territorio e si stavano pigliando a mazzate. Ma di brutto!»
«Eh, giusto l'altro giorno stavo guardando un servizio di Studio aperto dove dicevano che ormai ce ne sono talmente tanti che, anche tra di loro, devono difendere i propri spazi altrimenti non lavorano.»
«Perché, tu guardi Studio aperto?»
«Ma sì... era così, scanalando... Stavo aspettando *Studio Sport* e la TV era lì su Italia 1...»
Avevo messo Chris nella difficile posizione di giustificarsi come se avesse commesso il peggiore dei reati.
Poi dà una golata alla sua pinta e appoggiando il bicchiere parte con l'imitazione.
«Apriamo il giornale con una notizia di politica estera: Il principino Henry oggi si è fatto una canna. Appena appresa la notizia, la regina ha rischiato l'embolo.»
Come la premiata ditta Sposini/Buonamici ci rimbalziamo le fanta-notizie uno dopo l'altro...
«Ancora animali da salvare. Dato che oggi non abbiamo servizi volutamente strazianti su cani, gatti o orsi bruni maltrattati nelle valli di Comacchio, abbiamo recuperato un esclusivo filmato, al rallentatore e con musica triste di sot-

tofondo, di un ristoratore di Vercelli che, con un solo zampirone ha ucciso in una sera 486 zanzare. Diciamo basta a queste atrocità.»

Dopo ogni notizia scatta la simulazione del jingle del TG.

Ta-dah-na-nah. Swishhhhhhhhh.

«Sardegna: altro caso di malasanità. È morta nella notte, nel Nuorese, una donna di centotrentadue anni. I familiari l'hanno trovata morta nel sonno questa mattina e hanno subito dato l'allarme. Quando l'ambulanza è arrivata, la donna morta era già morta. A caldo, i parenti della vittima: "Siamo scioccati e indignati!".»

Ta-dah-na-nah. Swishhhhhhhhh.

«Caldo record in Italia! A ferragosto il termometro segnava ben 33 gradi e la gente è costretta ad andare in giro in maglietta o a fare il bagno. Gli esperti dicono: la colonnina di mercurio non si abbasserà almeno sino a fine estate. D'inverno prevediamo temperature rigidissime...»

Ta-dah-na-nah. Swishhhhhhhhh.

«Concludiamo con una notizia di costume: l'ultimo flirt di Manuela Arcuri. Quelle che vedete sono immagini della sua festa di compleanno a Porto Cervo. Abbracciato a lei, l'intero pacchetto di mischia degli All Blacks.»

Ta-dah-na-nah. Swishhhhhhhhh.

Supersoddisfatti del nostro editoriale concludiamo l'edizione speciale del TG con un brindisi e diamo un'altra seccata decisa alle nostre Guinness.

«Brillantissimi! Potremmo mettere su un duo comico!» concludo.

«Naaa, ci sono già troppi comici che non fanno ridere. Tutti gli amici pensano di essere simpatici, quando sparano puttanate da ubriachi.»

Non volevo dargliela vinta. Su alcune cose mi scopro inaspettatamente intransigente e rigido.

«Secondo me siamo una grande coppia. Non proprio Stanlio e Onlio...»

«See, Onlio... OLLIO! Comunque sembriamo più vicini a Vianello-Mondaini.»

«Ecco forse sì. Batman e Robin come te li vedi?»

«Mmh. Gayssimi... Holly e Benji?»

«Cip e Ciop, Fred e Ginger, Sonny e Cher.»

«Muschi e licheni.»

«Il Tigri e l'Eufrate.»

«La flora e la fauna.»

«Vialli e Mancini, Chicco e Spillo.»

«No, Chicco e Spillo no!»

«Certo, perché le altre invece...» dice Chris scoppiando a ridere e cercando di comprendere la mia decisa, quanto (evidentemente) esilarante opposizione.

«Perché Chicco e Spillo muoiono da stronzi!»

«Sì, ma che c'entra? Era così per dire... Qualunque duo va bene... non mi sembra il caso di prenderla seriamente. Tu, addirittura, hai detto per primo muschi e licheni. Poi che ne sai che sono morti, magari non esistono nemmeno.»

Aveva piuttosto ragione. Ma quelle birrette in corpo mi spingevano, bello fomentato, a proseguire in quella demenzial-tenzone.

«Magari esistono in forma diversa, ma esisteranno sicuro... magari, e qui ti posso dare ragione, non sono morti fisicamente.»

«Una metafora?» risponde Chris, con il tono di chi non ha nessuna intenzione di prendere la faccenda seriamente.

Per fortuna anch'io, a 'sto giro non sono proprio in vena di pipponi sul cantautorato, ma mi viene un'idea.

«Però... Sarebbe interessante scoprire se Chicco e Spillo sono nati e morti veramente. O, più in generale, quali dei personaggi delle canzoni italiane sono realmente esistiti o esistono oggi. Potremmo andarli a cercare questi Chicco e Spillo... Però poi bisognerebbe andare a trovare anche Sally di Vasco, Alice di De Gregori e tutti gli altri "prigionieri di una canzone".»

«Marco se n'è andato...»

«Eh?»

«No, dico, anche Marco se n'è andato...»

«Io mi concentrerei su personaggi un po' più centrali nella storia della musica italiana...»

«Vedi che devi sempre fare il figo! Vengo con te solo se cerchiamo "Marco se n'è andato"... altrimenti non mi muovo!»

«Ok, anche Marco... lui e tutti gli altri. Che ne è degli altri? Chi sono veramente questi altri? Esistono davvero tutti? Sono ancora vivi? Assomigliano a quello che le canzoni, di loro, hanno raccontato? Qualcuno di loro si è specchiato in qualcosa di vero?»

«!? Oddio! È partito...! E come pensi di trovarli? Sulle Pagine Gialle dei personaggi inventati? Ci vorrebbe una vita.»

«Tanto scusa, tu cosa devi fare in questo periodo?»

«Boh, effettivamente nulla... ma ho detto *civorrebbeunavita* e non *civorrebbeunperiodo*. Comunque ero mezzo in parola con mio cugino per fare un giro della Grecia ma è ancora tutto molto astratto...»

«E allora è fatta! Facciamo le vacanze io e te. Un mesetto, anche meno, alla ricerca dei personaggi raccontati dai cantautori italiani. Guarda che è una figata, roba da scriverci un libro...»

«Ecco, infatti. Convinci il tuo editore, come cazzo si chiama quello del nipote... quel nepotista del Viviani, che è un'idea della Madonna, che poi lo è per davvero, e ci facciamo pure pagare il tutto.»

«Minchia, il delitto perfetto...»

«Dài, tu riusciresti a vendere i ghiaccioli al Polo Nord... gliela rigiri su un po' per bene. Un percorso introspettivo... bla bla bla... per dare voce a chi non l'ha mai avuta... bla bla bla... e il gioco è fatto!»

«Dare una possibilità di replica a chi non l'ha mai avuta è un gesto generoso. E noi saremo i "paladini della possibilità di replica". Se ci pensi bene, la canzone può essere anche un atto violento. Chi scrive e canta una canzone impone quattro minuti di se stesso dando per scontato che la verità sia quella che racconta lui. Una canzone è quasi sempre una sentenza. Da prendere per quella che è, da accettare. Da farsela piacere o da mostrarle indifferenza. È un monologo che non prevede confronto diretto.»

Mi sto facendo serio tutto d'un tratto. Un po' ubriachello. Ma serio, veramente. Riesco pure a resistere senza ridere davanti al mega rutto di Chris.

«Se ne può parlare, certo. La si può criticare, recensire, mettere in una compilation, ridiscuterla e addirittura riarrangiarla. Ma a quanti di coloro che sono stati citati e raccontati in una canzone è stata data realmente questa opportunità? Questo è affare dei critici, dei musicisti, dei giornalisti, dei produttori, dei discografici; quando va bene anche degli stessi artisti. Ma mai di coloro che la canzone l'hanno ispirata...»

«Non credo che Viviani possa capire. Soprattutto non so valutare se, da sobrio, sarei in grado di convincerlo come potrei fare ora, con il sangue imbiondito dal doppio malto, sull'utilità della ricerca; però ci posso pensare per davvero. Alla peggio farà spallucce. Ma potrei anche essere ottimista.

In fondo, secondo me, un po' mi stima.»

«Infatti ti stima di brutto» e rutta ancora Chris «tanto che a fare il viaggetto a scrocco in Brasile ci manda lo sfigato del nipote... Da quanto ti stima.»

«Intanto ci provo, poi vediamo.»

«Sì, ma ci andiamo lo stesso eh... anche senza i soldi di Viviani. Non facciamo come al solito che da ubriachi ci vengono delle idee fighissime e poi non se ne fa mai nulla!»

«Promesso. Se domani ci svegliamo e ci ricordiamo ancora dell'idea, allora partiamo!»

«E cerchiamo pure Marco di "Marco se n'è andato...". Fondamentale, altrimenti quant'è vero Iddio non parto.»

«Certo certo... Anche Marco...»

«Aggiudicato! Devo pisciare!»

«Cin!»

Christian

Pizzette

Mi alzo dallo sgabello e nel giro di tre passi mi rendo conto che sono già a un livello etilico di tutto rispetto. Era prevedibile, certe promesse si possono fare solo da ubriachi.

Cerco di schivare le persone che incontro tra me e la porta del bagno, limitando i danni a qualche goffa spallata seguita da uno "scusa, scusa", e aspetto il mio turno in fila dietro a una ragazza non troppo alta ma molto carina, con i capelli corti, neri con le punte rosse, che si gira e mi sorride.

«Buonasera...»

Il suo tono è evidentemente confidenziale, quindi, è probabile che la conosca.

Il mio sguardo, invece, è piuttosto interrogativo, quindi, è probabile che lei abbia capito che non mi ricordo un cazzo.

«Non ti ricordi, eh?» infatti.

«Uhhhhhh... no! No, sinceramente no, ma mi rendo conto che è colpa mia.»

«Nina... L'amica di Stefano...?»

Nomi su nomi che non mi dicono nulla.

«Uhhhh... no! Prova con dove ci siamo conosciuti.»

«Al compleanno di un tipo. Mi avevi detto che era... un tuo collega... o qualcosa del genere. Io non lo conoscevo, ero lì con Stefano, il barista del Gringo, e tu mi avevi chiesto se lui fosse il mio fidanzato, e io ti avevo detto di no, e tu che eri contento perché saresti stato molto geloso... Di lui!»

«Ahhhh... Certo. L'amica di Stefano!»

«In persona.»

«Ma vieni spesso qui? Io parecchio, ma non ti avevo mai vista.»

«Vengo una volta ogni tanto, di solito vado dove lavora Ste.»

«Giusto...»

Il bagno ormai è libero, e la mia vescica comincia a invocare aiuto.

«Devi... andare anche tu?»

«Dove?»

«In bagno, perché io... insomma, inizio a essere in difficoltà!»

«Ah... ok, no no, vai, vai tu! Non è urgente!»

Avevo già fatto la figura di quello con le urgenze da toilette... ringrazio e le passo davanti. Cerco di capire se il tempo in cui sono in bagno sia ragionevole per una pipì o lasci spazio a supposizioni su urgenze di altro tipo ed esco, ritrovandola davanti a me.

«Grazie eh...»

«Nina!»

Imbarazzo.

Per fortuna mi sono lavato e asciugato le mani.

Non so perché, ma il fatto di essermi lavato bene le mani, prima di uscire, mi concede quel minimo di sicurezza per affrontare il piacevole imprevisto.

A un ometto può bastare poco per sentirsi in forma.

«Eh, sì sì, no, certo me lo ricordavo. Nina, chi se lo dimentica più.»

Ovviamente non era vero ma forse ero riuscito a essere vagamente credibile, a giudicare dal suo sorriso.

«Eh... senti, Nina. Che fai dopo?»

«Come dopo? È già tardi.»

«Lo so, lo so, ma sono qua con un mio amico e sono a piedi. Vicino a casa mia c'è un panificio che il venerdì fa il pane doppio per il weekend e resta aperto. Io un po' di fame ce l'ho. Se vuoi ti chiamo tra poco, quando sono a casa, e ci becchiamo... mangiamo qualcosa.»

Nina ci pensa su meno di un attimo e si dimostra subito piuttosto accondiscendente.

«Dài, prova a chiamare dopo...»

«Ok, allora, a dopo...» La saluto sfoggiando un sorriso da vitellone che Massimo Ciavarro me lo invidierebbe, mi giro per raggiungere Matteo e dopo un attimo Nina mi richiama all'ordine.

«Ehm... Christian...»

«Sì?»

«Come pensi di chiamarmi se non hai il mio numero?»

Ok. Nella lista delle cose da fare per diventare una persona migliore devo inserire: smetterla di provarci con le ragazze da ubriaco.

Sistemo la faccenda "numero di telefono" e raggiungo Matteo.

Saluto Laura avvolto da uno strano senso di colpa, che cresce immediatamente non appena lei ricambia il mio arrivederci con un sorriso pieno di ingenuità.

A volte bisogna riempire gli spazi vuoti. Spesso ci si prova nella maniera più sbagliata, con l'aggravante di esserne perfettamente consapevole. Mezz'ora dopo chiamo Nina, che mi raggiunge a casa, dicendomi che, però, di pizzette non ne ha molta voglia, e lascio che riempia il mio vuoto. Per una ventina di minuti.

Matteo

È tutto vero?

Mi sono alzato alle 9.30.

Mi sveglio quasi sempre a quell'ora, sabato e domenica inclusi.

È la mia sveglia politica.

Sia che abbia bevuto come un demente la sera prima, o che sia andato a letto presto.

È una delle poche regole che mi sono imposto, insieme a quella di non drogarmi. Altrimenti per il lavoro o non-lavoro che faccio, rischierei di alzarmi tutte le mattine a mezzogiorno, sfiorando, se non proprio la depressione, una sorta di fancazzismo apatico. Non proprio edificante.

Ho fatto una doccia quasi fredda, corroborante (già soltanto a pensare a questo termine mi sento più tonico... sono suggestionabile), doppio caffè alla macchinetta, quella che ti fa l'espresso come al bar, due plum-cake del Mulino Bianco e svariati biscotti Grancereale.

Mi piace fare colazione da solo ascoltando la radio, mia compagna di risveglio da tanti anni.

Mangio tanto al mattino e se non fosse che sono un po' fissato con la linea mangerei anche di più.

Non sono grasso, ma si sa che dopo i trenta è facile diventare cicciottelli con poco.

Hai voglia a seguire gli spregiudicati consigli dei nutrizionisti che dicono di spezzare l'appetito di metà mattinata con un frutto...

Che poi, un frutto???!!! Così isolato e anonimo? Che mi significa?

Io a metà mattinata mi sentirei già pronto per una carbonara!

Per questo preferisco prendermela con calma appena sveglio, sfamarmi per bene ed evitare quel malinconico frutto.

Così spinto dall'entusiasmo dei discorsi alticci della sera prima e da una nutriente colazione decido di chiamare Viviani e di chiedergli un appuntamento.

Viviani di nome fa Leonardo, un tipo buffo, alto alto, ben vestito, con un sacco di capelli.

Ha un po' l'aria di essere un *parruccone*, però solo in senso estetico e non di spirito.

Cioè, intanto i capelli sono i suoi e non ha la parrucca, e poi non è di quei viscidoni, provoloni, pennelloni, benestanti anni Ottanta...

È un bravo tipo. È il direttore-editore di "Music Ring", nuova testata musicale dagli incerti sviluppi editoriali ma sostenuta, almeno per i primi numeri, dall'entusiasmo e dal conto in banca che gli deriva dal suo primo lavoro.

Prima di essere un grande appassionato di musica, infatti, Leonardo Viviani è un vivace imprenditore immobiliare.

Ci siamo conosciuti un paio di mesi fa in occasione dello show-case di un nuovo gruppo della Universal. Lui aveva sentito parlare di me da una collega giornalista e tra una tartina e l'altra offerte dalla major, dopo il concertino, ci siamo scambiati opinioni sulla band che ci aveva convinto poco e ripromessi che ci saremmo presto rivisti. Fatto sta che ci siamo piaciuti, e dopo pochi giorni già lavoravo per la sua rivista.

Bene, sono andato da lui con una sicumera e una faccia tosta di quelle che nella vita ti vengono due o tre volte al massimo.

E dopo i saluti di rito, e il ringraziamento sarcastico per aver preferito suo nipote a me per la vacanza in Brasile, l'ho seccato con una domanda: «È tutto vero?».

Lui ha annaspato per un secondo poi mi ha riseccato con un: «Dipende dai punti di vista».

Avremmo potuto proseguire per altri venti minuti nella commedia delle frasi azzeccate senza soggetti e riferimenti. Lui è un tipo brillante e informale, ma la sua risposta precisa e lapidaria alla mia prima domanda, apparentemente senza senso, ha fatto sì che io prendessi la palla al balzo e mi facessi serio all'improvviso.

«Ecco, caro Viviani è proprio questo il punto. Il punto di vista. Le propongo un pezzo. Ma ho bisogno della sua fiducia e di tremila euro per pagarmi le spese.»

«Porcatroia, e che tipo di stampante usi? Hai provato ad andare da Euronics? Lì ci sono delle buone offerte...»

«Naaa, voglio capire se è tutto vero e per capirlo devo partire. Mi capisce?»

«No.»

«Voglio dare voce ai personaggi citati nelle canzoni italiane. A qualcuno, almeno. Una possibilità di riscatto. O di replica. Perché in quei tre minuti e mezzo-quattro di canzone che tutti conosciamo, in quelle parole strillate dai cantanti al proprio oggetto d'amore e al mondo intero, ci sono anche altre voci, altri punti di vista, altre verità, o anche solo il desiderio di ringraziare e di perdonare chi ha scritto e cantato la storia da un'unica latitudine. Chi sono davvero quelli fotografati con più o meno rispetto, ma tutti, comunque, rimasti immobilizzati in una cornice musicale e costretti a essere per il mondo ciò che ora, forse, non sono più?»

«Tu sei pazzo. Poi alcuni sono inventati, altri saranno pure morti.»

«E io andrò a cercare quelli vivi.»

E poi, ancora incalzando, per non dargli nemmeno il tempo di riflettere su quanto assurda fosse la mia proposta:

«Che cosa spinge a tentare un assolo?

«Da quale guizzo nasce una risata?

«Da quali sogni venne l'idea di *Volare*?

«Da quale scintilla nasce uno stile?

«Come si sorride dopo il grande dolore?
«Cosa c'è adesso che prima non c'era?»

«Tu sei pazzo.»

Mi andava bene che pensasse solo questo. Ero sulla buona strada...

«Penso spesso che il gesto più grande di creatività potrebbe essere proprio la decisione di tornare ad apprendere attraverso nuove forme di conoscenza. Il gusto di avere più domande nuove da fare che vecchie risposte da ricevere già trasmesse e già archiviate.»

«Tu sei pazzo. Quando vuoi partire?»

«Martedì.»

«Da solo?»

«Non so ancora. Sto pensando di chiedere a un mio amico di venire con me.»

«Passa domattina. Lascio un assegno per te a Marina, la segretaria. Fatteli bastare o fateveli bastare. Non parlare di questa cosa a nessun altro che non sia il tuo amico. Portami il pezzo finito per i primi di settembre.»

Il Viviani ormai non si contiene. È più gasato di me. Applausi a scena aperta. Bravo Matteo. Bravoooooooooo!

«Il numero di ottobre avrà la copertina e un ampio spazio dedicati al "È tutto vero?-Tour".»

«Possiamo chiamarlo anche in un altro modo se vuole...»

«Sì. Poi, nel caso, ci pensiamo. E comunque tu sei un pazzo.»

«E lei, con me. Grazie.»

Incredibile. C'è cascato. Al primo colpo. O sono un genio io o è davvero un folle lui. Oppure le parti sono interscambiabili.

CHICCO E SPILLO

Chicco ha una cicatrice sulla faccia, / sta con suo fratello che si fa chiamare Spillo / e sanno già sparare come dei cowboy... / ... Spillo ha chiuso la felicità in un fazzoletto, / ma si è seccata in un secondo benedetto. / «Pronto chi parla?» / «Sono Chicco, vieni qua, che questa volta è proprio quella buona, / basta un cacciavite per entrare in paradiso...»

Christian

Agenti e moventi

Di notte si viaggia molto meglio.

Ma noi dovevamo andare soltanto a Bologna, da Milano un paio d'ore, salvo traffico, quindi la partenza in tarda mattinata ci è sembrata la decisione migliore.

Meno suggestiva, sicuramente, di una dipartita nel cuore della notte, ma anche quella con almeno il 75 per cento di sbattimenti in meno. (Questa è la percentuale che ha deliberato Matteo attraverso una serie di calcoli non meglio precisati, che al confronto, la scissione dell'atomo è uno scherzo da ragazzi...)

Certo il caldo è di quello che ti spossa, la sua macchina, una Clio classe 1992, non prevede l'aria condizionata, ma quando si è predisposti e bendisposti verso qualcosa, come noi lo siamo verso questo viaggetto, un finestrino aperto è più che sufficiente per far circolare aria, entusiasmo, spirito, e quella *cosa* che non ha una definizione precisa e che sta a metà tra l'eccitazione per ciò che ha da venire e la pace che questa *cosa* genera dentro.

Se non mi sono spiegato bene pazienza, perché io *quella cosa lì* la sento e punto.

Non amo molto guidare e Matte senza troppe discussioni si è fatto carico di questo compito. Alcune persone lo trovano rilassante, io non del tutto.

Cioè, guidare rilassa anche me, ma quando sono rilassato

penso strano poi mi distraggo e faccio casini. E quindi non mi rilasso più.

Molto meglio, quindi, viaggiare seduto sul lato passeggero, levarsi le scarpe, mettere i piedi sul cruscotto guardare fuori, continuare a *pensare strano* e magari dormicchiare ogni tanto.

Si può essere predisposti a qualcosa per semplice attitudine, per la bellezza e l'attrattiva di quella cosa o perché si ha un movente.

Matt ne ha sicuramente uno ufficiale dichiarato al direttore di "Music Ring", e secondo me, mille altri, piccoli o grandi, non ancora dichiarati nemmeno a se stesso. Figuriamoci a me.

Comunque questa è, prima di tutto, la sua ricerca e suppongo non veda l'ora di cimentarsi nella grande impresa.

Lo vedo sereno, con un viso più disteso degli ultimi tempi e davvero contento di partire.

In un certo senso sono fiero di aver trovato più velocemente del previsto un movente importante pure io. Anche se, in fondo era già lì pronto per essere catturato: voglio provare a portare il mio rapporto con Matteo a un livello superiore.

Lui mi conosce da quando ero un ragazzino o da quando ero ancora in quella fase poco definibile della vita che sta tra la tarda adolescenza e il pre-essere-uomo. Un periodo che, per quanto divertente possa apparire, è forse l'età del confine più difficile da superare. Perché non lo si vede. E non si sa mai se si è ancora da una o già dall'altra parte.

Non è un caso che non abbia nemmeno un nome.

E sulla linea di quel confine sulla quale Matte ha camminato qualche anno prima di me, noi ci siamo incontrati.

Lui, non so ancora per quale strana ragione o per risposta a quale arcaico bisogno, si è sempre perfettamente o imperfettamente calato nella parte del fratello maggiore.

E io, di conseguenza, perfettamente e imperfettamente in quella del fratellino minore.

In questi sei anni ci siamo visti a volte sì e a volte no; per lunghi mesi quasi tutti i giorni, per molti altri non ci siamo nemmeno sentiti al telefono.

Abbiamo affrontato le più feroci discussioni e, insieme anche le risate più fragorose. Abbiamo litigato e poi chiarito, ci siamo traditi e spediti all'inferno.

Abbiamo abitato insieme a casa sua per un periodo, per poi scoprire che un giorno in più di convivenza avrebbe devastato oltre al suo intero appartamento anche il nostro rapporto.

Nonostante e malgrado tutto questo, oggi non sono più tanto sicuro di essere riuscito a trasmettergli come avrei dovuto o voluto che la sua "presenza" l'ho sentita eccome. Che mi ha aiutato.

E che mi è sorto pure il dubbio di non aver fatto altrettanto.

Matteo merita di conoscere l'evoluzione che lui stesso ha facilitato. Merita di scoprire che il suo fratellino non è più soltanto un ragazzino "pop".

Terzo e sicuramente non ultimo movente: non abbiamo motivi per restare a Milano quest'estate.

No strings attached, dicono gli ammericani.

Non si batte chiodo, dico io.

Nessuno dei due vive una relazione più o meno stabile, più o meno importante, più o meno duratura. Io no di sicuro, figuriamoci lui.

In questo è un disastro.

Forse levarsi di torno per un po' potrebbe aiutarci anche in questo senso.

Quindi, a conti fatti, tutti e due abbiamo uno scopo.

Avere uno scopo è fondamentale. Sempre.

Il mio amico Marcello (sì, lo stesso dei *Tenenbaum*) mi ha raccontato la storia di un amico di suo padre che ha scontato in un carcere su un'isoletta sperduta in mezzo ai Caraibi, un isolamento di due anni per essere stato sorpreso a scopare su una spiaggia pubblica di Santo Domingo con una prostituta.

Durante quei lunghi ventiquattro mesi, ha visto molti altri detenuti, in isolamento come lui, morire o impazzire. Lui no, è rimasto vigile e sano per essersi dato degli obiettivi giorno dopo giorno.

Aveva uno scopo: camminare cento volte avanti e indietro per la cella ogni giorno, mantenere il controllo del tempo contando i giorni man mano che passavano, non masturbarsi mai perché le seghe, dopo, ti buttano giù di morale e cose di questo genere.

Alla fine, grazie all'intervento del ministero degli Esteri italiano è riuscito a uscire e a ricominciare da dove era stato interrotto.

Ha aperto un bordello in Colombia.

Ora, non vorrei sembrare troppo affrettato nelle mie conclusioni, ma credo che l'insegnamento sull'importanza di darsi degli obiettivi possa essere utile anche a chi non è mai stato in prigione o a chi non ha avuto a che fare con la gestione finanziaria di prostitute sudamericane.

Ci troviamo sotto casa mia, così non ho nemmeno dovuto spostare la macchina dal box e Matte si presenta in ritardo di soli cinque minuti: «Oh... per un attimo abbiamo rischiato di non partire». Deve essere qualcosa di veramente serio visto che si è presentato senza nemmeno prima salutare.

Ma lui è famoso anche per essere sempre un tantino troppo melodrammatico.

«Sì...? A quale tragedia sei scampato stavolta?»

«No, non puoi capire, stavolta stavo litigando di brutto con un vigile.»

«Ma di brutto-brutto?» chiedo lasciando trasparire un discreto menefreghismo per l'intera questione.

«Di brutto-bruttissimo!»

«Ah be'... allora...»

«No, no, ma non puoi capire.»

«Ma lo sai che ci voglio provare...»

La lunga serie di smorfie e di esagerazioni mimiche di Matteo che si accingeva a raccontare, avrebbero fatto invidia ai comici del Bagaglino cospargendo il primo minuto dell'"È tutto vero?-Tour" di un'enfasi, francamente eccessiva.

«Tipo che scendo di casa e lo trovo lì che mi stava facendo

una multa. Mi avvicino e gli faccio» Matteo mima il gesto di picchiettare sulla spalla di qualcuno con il dito indice, fatto però con la mascolinità di una donna di ottant'anni «mi scusi, la macchina sarebbe mia!»

«Immagino tu l'abbia terrorizzato.»

«No, aspetta, lui mi fa: è sulle strisce blu e senza il ticket parcheggio esposto. E io: certo che non c'è, perché io ho il bollino dei residenti. E lui: sì ma il bollino è per le strisce gialle non per quelle blu, lei è sulle blu. E io: certo perché ieri sera sono tornato a casa e sulle strisce gialle non c'era posto. Mica sono scemo che la parcheggio apposta sulle strisce blu. E lui mi fa: ahnobe'no... iononsonon mi interessa... ahnobe'ishifutu!» (Quando un amico racconta di un suo litigio, a un certo punto, il suo antagonista dirà sicuramente: "ahnobe'no... iononsonon mi interessa... ahnobe'ishifutu!" o qualcosa di altrettanto incomprensibile. Il vostro amico, invece, si esprime sempre in un italiano ineccepibile.)

«E io gli dico: no, non mi interessa se le interessa, ma la multa la deve fare a quelli senza il permesso per i residenti, mica a me. E lui mi fa, cioè senti cosa è riuscito a dirmi, mi fa: IO DEVO FAR RISPETTARE LA LEGGE...» qui tono strafottente e dito indice che rotea nell'aria davanti al mio naso «cioè ti rendi conto di cosa è riuscito a dire... io devo far rispettare la legge!» ripete.

Sempre stesso tono. Sempre dito sventolante. Minchia, manco Walker Texas Ranger...

«Sì, vabbe', ma quindi... multa?»

Cerco di arrivare alla conclusione mentre finisco di caricare le valigie in macchina.

«Ma figurati... gli ho detto che non l'avrei pagata e che sarei andato al comando dei vigili a contestarla.»

«Sì ma a loro cazzo vuoi che gliene freghi...» mi ero evidentemente lasciato prendere dalla vicenda.

«Non gliene fregherà nulla, ma intanto me la sono fatta levare.»

«Di già? Ma da chi?»

«Mi sono fermato al comando della mia zona prima di arrivare e ho parlato con una vigilessa. Le ho spiegato come era andata ed è stata molto gentile e ha detto che ci avrebbe pensato lei.»

«Adesso minimo ti arriva a casa duplicata.»

«Sììì, beato attè... levata. Subito.»

Devo ammettere che la bontà della vigilessa, in quel caso, è verosimile. Matte ha un modo di fare con la gente tutto suo che quasi sempre lo porta comunque a ottenere ciò che vuole senza creare troppi attriti.

La chiamano diplomazia, ma io non l'ho mai capita.

Anche tutta la storia in sé è verosimile e Matt era pure riuscito ad arrivare puntuale.

Io l'avrei tenuta da parte, una storia così, per giustificare un giorno un eventuale, peggiore ritardo. Buttata così era stata sprecata.

«Be' meglio per te, andiamo.»

«Dobbiamo fare benzina. Hai da anticipare?»

E figurati...

«Come no, come al solito... andiamo?»

Tiriamo con la benzina che abbiamo fino al secondo autogrill dell'autostrada del Sole perché l'accorto compagno di viaggio ha l'accumulo dei punti Agip e quindi solo lì vuole andare.

Come arriviamo, Matteo scende di fronte all'automatico, io ne approfitto per fare provviste.

«Vado a pagare, vuoi qualcosa?»

«Acqua.»

«Solo acqua? Niente schifezze?»

«Mmh... naaa!»

«Ok.»

Io di schifezze ne comprerò parecchie... tanto poi le vuole anche lui.

È impossibile resistere al fascino delle caramelline forma coccodrillo colorate, patatine al gusto pizza, ed M&M'S.

Tutta roba che, mangiata con parsimonia, è piacevole e innocua ma la fregatura è che, ingoiata la prima pallina fucsia di cioccolato con all'interno un'arachide malaticcia, si sa, è praticamente impossibile fermarsi. Preso il via, l'M&M'S continua a rotolare come in un enorme piano inclinato alimentare che ha come limite soltanto il mal di stomaco.

Compro tutto in ogni caso e vado alla cassa. In fila davanti a me ho due persone che sembrano non avere nessuna fretta e mentre aspetto il mio turno ascolto la musica proposta in diffusione dalle casse della sala:

L'aurora di Ramazzotti.

Poteva andare anche peggio. Arriva il mio turno.

«Salve. Tutto.»

«26 euro e 70.»

Cazzo, *ventiseieuroesettanta* di puttanate non è male...

«Ah, e pago anche la benzina della pompa... 3? Mi sembra la 3.»

«Trenta. Totale 56 e 70.»

Tengo il cash per pranzo e pago con la carta.

«Mi può mettere una firma qua?»

«Certo.» Firmo la ricevuta e inizio a infilare i "generi di conforto" nel sacchetto di plastica.

«Grazie, buongiorno.»

Sto per girarmi e uscire quando vengo bloccato dalla voce della cassiera: «Scusi... mi scusi, posso vedere un suo documento?».

«Certo.» Per un attimo, mi sono scordato come mi chiamo.

Io di cognome faccio Totti. Christian Totti. Esatto, come il figlio del Pupone, però con l'h.

Ovvio che fino a qualche tempo fa questo non è mai stato un problema. Certo, durante le partite di calcetto avere scritto Totti sulla schiena ti mette addosso un po' di ansia da prestazione, ma nulla di più. Da quando si è sparsa la voce che Totti stava per avere un figlio e da quando si è saputo che sarebbe stato maschio ho iniziato ad avere i brividi. Fra tutti i nomi del mondo mica lo chiamerà proprio Christian... edddài... però una vocina dentro di me insinuava il contrario. Per essere sicuro, non mi perdevo nessun servizio del telegiornale e nessuna trasmissione sportiva, seguendo trepidante il toto-nome del "pupino", mascherando con apparente tranquillità quello che era diventato ormai un concreto timore. I giornalisti giocavano a "chi la spara più grossa". Si chiamerà Patrick, John, Douglas, Francesco junior, Nick, Sebastian, Glysolid, Michael Jackson, Peugeot... ogni giorno un nuovo possibile nome, e nonostante sapessi che le probabilità di coincidenza erano davvero basse, ero terribilmente certo che il destino si sarebbe fatto quattro risate alle mie spalle. Notizia straordinaria: è nato il figlio di Francesco Totti e Ilary Blasi. Si chiama Christian e pesa tre chili e mezzo. Lo sapevo cazzo. Non il peso, ovviamente.

Da quel giorno in poi, subisco noiose e banali battute da parte della gente e ogni volta che pago con la carta di credito mi sento Diabolik.

Tutti sospettano che firmi con un nome falso perché ho rubato la carta di credito a qualcuno.

Effettivamente con questo nome è difficile biasimarli.

Ogni volta che volevo mantenere l'anonimato o dovevo firmare qualcosa che non mi interessava particolarmente, come le circolari per le assemblee di istituto al liceo, le raccolte di firme per garantire una pista ciclabile agli abitanti di Pontremoli, o il questionario di un museo che vuole sapere se hai trovato la mostra interessante, le hostess gradevoli e i servizi adeguati, ecco, in quei casi firmavo sempre con nomi fittizi come Oscar Luigi Scalfaro, Salvador Dalí, a volte anche Batman.

Capisco, quindi, la titubanza della cassiera.

«Ah, lei si chiama veramente Christian Totti?! Come il figlio del calciatore?»

«Sì, però con l'h...» rispondo con un sorriso tanto imbarazzato quanto rassegnato. Questa ormai è diventata la mia risposta standard, come una Deborah o una Samantha qualunque.

«Anche i miei genitori mi hanno chiamato Raffaella perché erano fan della Carrà...» e mentre me lo dice indica la targhetta sulla giacca, come a dire "è tutto vero, c'ho le prove!".

«I miei hanno fatto ancora di meglio: mi hanno dato pure il cognome!» la tizia si mostra sorpresa senza sospettare che quando sono nato io non c'erano né Francesco Totti né tantomeno suo figlio Christian.

«Se lo sa mio marito mi costringe a chiamare il nostro primo figlio Rino Gattuso...»

È fidanzata, anzi sposata... Giuro, non avevo nessuna mira particolare nei suoi confronti, ma, nonostante ciò, saperla sposata mi ha incupito.

Come se, in caso contrario, avessi tentato di sedurla o le avessi chiesto di stare con me per il resto della nostra vita... È possibile?

No, lo so da me che non lo è. Devo farmi curare.

Risolto il disguido burocratico raccatto la mia roba. Raffaella mi sorride, io ricambio e vado verso la macchina rovistando già nel sacchetto.

Da lontano, ancora mi chiede scusa e io, mentre la porta automatica si chiude dietro di me, le faccio cenno come a dirle che non c'è problema. Non è la prima volta e non sarà nemmeno l'ultima. Va bene così, e poi Totti mi sta simpatico... mi fossi chiamato Pippo Inzaghi avrei avuto qualche problema in più, ma Christian Totti è ok.

Raggiungo Matteo in macchina e gli passo la borsa mentre mi levo la giacca.

«Ma non hai preso l'acqua?»

«Mmh... No. Ma ho preso la Fanta!»

«Sì, ma io ti avevo chiesto una cosa sola. L'acqua!»

«Sì è vero ma ora hai... la Fanta!»

Gli propongo la bottiglietta come in una pubblicità, tenendola a due mani, una alla base e una intorno al tappo, con il marchio ben in vista, un sorriso a trentadue denti e un tono di voce fastidiosamente entusiasta.

«La Fanta!... Fanta!»

«Ma vaffanculo!»

E mette in moto, così, mandandomi 'affanculo. Non ha tutti i torti, ma a me la Fanta piace. E so che non si è veramente incazzato, tanto che dopo nemmeno cinque minuti lo avevo già coinvolto nel mio "gioco da macchina" preferito: indovinare le canzoni.

Aiutava a far passare più velocemente il tempo.

«Indoviniamo le canzoni?»

«Eh?»

«Giochiamo a indovinare le canzoni?»

«Ma chi sei? Il capo-animatore della Valtour?»

«Hai un'idea migliore o geniale abbastanza come quella di andare a cercare i personaggi delle canzoni...?»

«Va be'... e come sono le regole?»

«Devi indovinare quali canzoni da adesso in poi passa la radio. Vale cambiare frequenza solo quando quella su cui siamo è disturbatissima. Valgono tutte le radio e si skippa solo su Radio Maria e Radio Mater. Ognuno ne dice cinque, il primo che arriva a cinque canzoni trasmesse ha vinto. Se rischi e ne scegli una che viene ritenuta fuori periodo e te la passano, quella canzone vale doppio.»

«Tipo?»

«Tipo che se dici Elton John, e ti esce, sei un fenomeno e pigli più punti... Cioè non deve essere un singolino promozionale, capito?»

«Ah, ok... Vai tu.»

Sapevo che avrebbe fatto partire me e quindi mi ero già preparato le mie cinque.

«Io scelgo: *Parlami d'amore* dei Negramaro, *How to Save A Life* di... non mi ricordo come si chiamano, quella nuova degli Zero Assoluto, Mika con *Grace Kelly* e i Tokio Hotel. Cinque.»

«Cazzo, Tokio Hotel è buona... e volevo metterlo io Mika.»

«Eh, lo so, ma l'ho messo io!» Riesco a essere competitivo anche nelle minchiate.

«Va be' io metto: "quella nuova" di Biagio Antonacci... poi... ah sì... *What Goes Around* eccetera di Timberlake, i Finley... boh? Me la rischio con quella di Zucchero, *Babumba*, quella lì... "Il grande babumba ehoh...", capito, no?»

Avevo capito, anche se la sua imitazione di Zucchero non era un granché...

«Te ne manca una.»

«Eh... non mi viene in mente... Mmh. Dài, ci piazzo *Marmellatanumeroventicinque* del Cremonello.»

Non so perché Matt si diverta un sacco a sostituire gli "ini" con "elli" o "ello".

«Ok. Da adesso!»

In meno di un'ora avevo vinto io. Cinque a tre.

Ma d'altronde me le ero preparate prima, il che è un bel vantaggio...

Ormai eravamo quasi arrivati a Bologna. Ora serviva solo capire dove si trova via Salmini perché era esattamente lì che avremmo trovato Chicco e Spillo.

Perlomeno stando a ciò che eravamo riusciti a rimediare da Internet.

Christian

Buona condotta

Non avevamo idea inizialmente di come rintracciarli, difficoltà che accomunerà probabilmente quasi tutti gli altri nomi della nostra lista, e quindi siamo partiti dal punto della disperazione: Google.

Digitando CHICCO & SPILLO BOLOGNA, oltre a una non trascurabile quantità di materiale che li legava direttamente a Samuele Bersani, considerandoli però soltanto personaggi di finzione, in diciannovesima pagina del santo motore di ricerca è uscita una stringa che annunciava la presenza, a Bologna, di un'autorimessa intestata per l'appunto a due fratelli con lo stesso nome dei teppistelli protagonisti della canzone.

Forse avevamo fatto bingo. Forse stavamo per prendere la prima grande sòla del viaggio.

A quel prezioso numero di telefono, anticipato dallo 051, ha risposto dopo un paio di squilli una voce sbrigativa, ma con quella S così simpatica che rendeva immediatamente simpatica anche la fretta di chi ci ha risposto.

Naturalmente il taglio del nastro toccava a Matteo, quindi la prima telefonata l'ha fatta lui. Quale migliore scusa di un controllo al carburatore della Clio per prendere un appuntamento con il signor Filippo, in arte Spillo?

Così, infatti, si è presentato al telefono il simpatico e frettoloso meccanico ancor prima che dall'altra parte Matteo potesse dire qualsiasi cosa.

Allontanando il cellulare dall'orecchio, per parlare a bassa voce con me, Matte, guardandomi in faccia divertito, mi dice: «Si è proprio autopresentato come "Spillo" di Chicco e Spillo».

«È un meccanico: è normale che si autopresenti...»

«Il cretino che sei...» sempre a bassa voce, spingendomi via con una mano e tornando a prestare attenzione al telefono.

Appuntamento fissato per le cinque del pomeriggio del giorno della partenza.

«Se proprio non dovessero essere loro i due che stavamo cercando, impossibile che qualcuno lì dentro in officina non sappia darci informazioni su quelli "veri".

Decidiamo di entrare in città all'uscita BOLOGNA FIERA un po' a caso, considerando che nessuno di noi due è molto pratico della zona e quindi un'uscita valeva l'altra. Sì, ok le torri degli asinelli, sì, ok l'Arena parco nord dove fanno i concerti d'estate, ma per il resto è parecchio un salto nel buio.

«Io seguirei per la stazione...»

«Vuoi già tornare indietro?»

«Boh, è che di solito la stazione sta in centro...»

«Allora seguiamo i cartelli CENTRO!»

«Sì, ma il cartello CENTRO non ti porta in un posto... ti porta in una zona, nella quale noi, non sappiamo muoverci. Invece la stazione è un posto concreto... dà più sicurezza... e poi da lì ci possiamo spostare con più precisione chiedendo, no?»

«E andiamo alla stazione...»

Per fortuna non eravamo troppo lontani e i cartelli erano abbastanza precisi. Ci fermiamo di fronte a un'edicola di piazza XX Settembre e scendo a chiedere indicazioni a un edicolante tanto grasso quanto annoiato.

«Salve, sa per caso se siamo lontani da via Salmini?»

«No, via Salmini è qua vicino... dovete andare verso i viali...»

«Sì, eh... da che parte sono?»

«Vede quella via larga là? Via Indipendenza? Ecco sempre dritto dalla parte opposta, è facile...!»

«Ok... da quella via nella direzione opposta... stiamo cercando l'officina di via Salmini.»

L'edicolante cambia espressione come se, con l'officina di via Salmini avessi pronunciato la parola d'ordine del club dei bolognesi.

«Non si può sbagliare. L'officina sta di fianco a una lavanderia. Prima c'era il negozio di protesi. Ora c'hanno messo una lavanderia per gli extracomunitari. Ce n'è un sacco ormai ma non sono tutti cattivi ragazzi, eh... Alcuni sono anche onesti. Ci sono quelli del Marocco e poi anche quelli di più giù. Quelli dell'Africa-Africa, intendo... Tipo Africa Nera. Quelli sono i più poveri, e non hanno nemmeno l'acqua per lavare i vestiti con tutta quella siccità... Poi, lì muoiono anche di caldo... Qui, almeno si sono fatti la lavanderia...»

Ommioddio, penso. Ecco il Terzo Mondo dove sta. Dentro un'edicola nel centro di Bologna.

«Ok. Bene... grazie. Scusi, già che ci sono, ha mica "Music Ring"?»

«Che roba l'è?»

«Niente nulla... Salve. *Palmizio* eh... mi raccomando!»

Riporto a Matteo le indicazioni del loquace finto-filantropo edicolante e decidiamo che ci conviene lasciare la macchina in un parcheggio a pagamento della stazione. Scelta che si rivelerà non troppo azzeccata quando dopo trentacinque minuti di camminata non siamo ancora arrivati a destinazione. Per fortuna, l'ultima indicazione che chiediamo, sulla soglia dello svenimento, ci rivela di essere a meno di un passo dalla meta. Salvi per un pelo.

L'autorimessa sta esattamente lì dove ci aveva detto il pirla-edicolante, all'angolo con la piazza dopo la lavanderia a gettoni.

L'insegna fuori è gialla su sfondo blu e dice: AUTORIMESSA DA CHICCO E SPILLO. Semplice, chiaro, diretto. Ecco perché c'è così tanta gente laureata in marketing senza lavoro. La saracinesca è tirata giù per metà e piena di slogan leggibili per metà, ma facilmente intuibili, scritti a bomboletta spray. Roba di politica, di comunisti e fascisti, di svastiche disegnate sopra vecchie falci e martello, coperte poi a loro volta, da un più bipartisan "forza rossoblu" e cose del genere.

Dopo aver bussato timidamente sulla saracinesca senza ottenere risposta, mi accuccio verso l'interno per entrare.

«Aspetta! Se non rispondono vuol dire che non c'è nessuno, no?»

«Impossibile abbiamo appuntamento. Magari non hanno sentito. Andiamo a vedere...»

«Sì, ma se è chiuso ci sarà un motivo, no?»

Matteo non è mai stato un gran temerario e sicuramente è troppo ben educato per riuscire a cavarsela in certe situazioni senza riempirsi di paranoie.

«Non è chiuso. La saracinesca è a metà, quindi per metà vogliono che tu entri!»

«Sì ma l'altra metà no!»

«Mmh che palle... allora diciamo che io sono la metà che può entrare, ok? Aspetta qua!»

Appena oltrepassata la soglia dell'ingresso do un'occhiata in giro. L'ambiente è abbastanza spoglio. Io mi aspettavo di trovare calendari di donne nude, poster di Valentino Rossi che impenna, la formazione del Bologna Campione d'Italia del '74 o cose simili, invece alle pareti erano appesi più che altro attrezzi da lavoro. Nulla di più.

«Salve.. c'è nessuno?»

Da un'altra sala mi risponde una voce piuttosto consumata e sotto sforzo con un inconfondibile accento bolognese.

«Siamo pieni. Tutto pieno fino a mercoledì. Se la macchina proprio non cammina, la lasci parcheggiata qua fuori, ma bene, con un cartello consuscritto GUASTA. Mi raccomando se no i vigili le danno la multa.»

Mi ha sempre fatto ridere l'espressione "consuscritto".

Mi accuccio verso l'esterno e chiamo Matteo.

«Visto?»

Lui non risponde e mi raggiunge mentre io mi sono già rialzato.

«Ehm salve... No, non siamo qua per la macchina. Cioè in teoria avremmo fissato un appuntamento per un carburatore di una Clio, ma in verità siamo qui per un'altra ragione... Arriviamo apposta da Milano. Abbiamo parlato con Spillo. C'è?»

«Da Milano per un carburatore??? Complimenti. O da Milano per Spillo? Peggio ancora. Comunque sì, venite, venite. Dritto davanti a voi.»

Ci avviciniamo all'altra sala e mettendo appena la testa dentro vediamo un po' di auto parcheggiate e alcune sollevate da un cric.

Da sotto una di queste spuntano due gambe da meccanico e la voce consumata di prima.

«Ho quasi fatto eh... un secondo... ecco fatto.»

Le due gambe da meccanico si danno una piccola spinta, facendosi seguire fuori da sotto la macchina anche dal resto del meccanico.

Ora davanti a noi c'è un meccanico intero.

«Piacere, Enrico! Spillo mi ha accennato qualcosa di una Clio. Ma insomma cosa vi serve esattamente? Non sarete mica arruolati anche voi in quella nuova squadretta di calcio di scappati di casa in cerca di sponsor?»

«No, no. Niente squadretta.» Rispondo io, in realtà incuriosito dalla faccenda, ma non così tanto da chiedere ulteriori dettagli che rischiano di creare ancora più confusione nel delicato momento delle presentazioni.

Mentre si strofina le mani con uno straccio ben più sporco delle sue stesse dita, ci fa accomodare nel suo ufficio. Una piccola stanzetta con una scrivania, due sedie, un piccolo televisore, il distributore d'acqua col bottiglione, raccoglitori pieni di fogli e pratiche accatastati e due foto incorniciate: una di loro con Samuele Bersani e una con Lucio Dalla. Noi ci sediamo sulle sedie mentre Chicco si appoggia con mezza chiappa alla scrivania.

«Allora come va? Ditemi, come posso esservi utile?»

La patata bollente ora passa a Matteo mentre io ne approfitto per godermi il primo atto dello show facendo finta di guardarmi distrattamente in giro.

«Tra poco dovrebbe arrivare anche Spillo.» Continua, invece, Enrico, verosimilmente Chicco.

«È uscito a provare il motorino di un ragazzo che lo vuole più veloce. Li vogliono tutti più veloci i motorini e poi non li sanno usare» dice scoppiando in una risata che si trasforma quasi immediatamente in un colpo di tosse catarrosa.

«Scusate eh... ma una vita da fumatore e i risultati sono questi.»

«Non si preoccupi» dice Matteo.

«Conoscete Bersani, quindi» indicando la foto in cui lo abbracciano sorridenti.

Gancio perfetto. Bravo Matteo paraculo.

«Ma cosa vuoi che ti dica... sì, lo conosciamo... ci si conosce un po' tutti qua a Bologna.»

Non lascia trasparire, però, alcun segnale che possa darci la possibilità di individuare il legame che cerchiamo.

«Qualche volta è venuto da noi con la macchina della produzione... Problemini alla frizione... Sono mezzi che fanno tanti chilometri... quelli dei cantanti delle tournée. Ci dice sempre che la "nostra" canzone la cantano tutti e che lui la fa anche nei bis. Cioè ri-esce sul palco, quando il concerto è già finito e la gente se ne sta andando, per rifarla... Una cosa buffissima... Che potrebbe farla subito due volte, almeno la gente non se ne va.»

Bingo!!!

«Siamo qua per questo» lo interrompe Matteo.

«?!»

In quel momento entra in ufficio un altro uomo. Capelli neri tirati indietro e occhiali da sole sulla testa, vestito da meccanico, bassotto ma soprattutto grasso. Fosse stato lui Spillo, sarebbe stato un soprannome poco calzante.

«Ohhhh guarda chi arriva. Loro sono Christian e...»

«Matteo.»

«Ecco, infatti, Matteo.»
«Piacere Spillo!»
Appunto. Altro giro di presentazioni e convenevoli finché la parola non torna di nuovo a Chicco.
«Eh... stavo raccontando ai ragazzi di quella cosa che Samuele fa nei concerti che ricanta *all'improvviso* la canzone. Pare che siano venuti a farci visita perché li ha mandati lui...»
E poi torna a rivolgersi a noi due.
«No, no, non ci ha mandato lui... Non lo conosciamo nemmeno. Anzi... ora vi spiego...»
Ed è così che Matteo, finalmente riesce a prendere la parola e raccontare ai due, col suo modo garbato e convincente il motivo del nostro viaggio, del suo desiderio di andare a fondo e di sentirsi raccontare l'altra faccia della verità.

«Sooch! Certo che avete avuto proprio una bella idea voi due eh... poi dicono che i giovani d'oggi non c'hanno idee... se non è un'idea questa, dico bene?»
«Questa è un'idea, sì!» gli fa eco Spillo. Hanno uno strano modo di interagire tra loro Chicco e Spillo. I loro discorsi hanno sempre un retrogusto nostalgico, sempre rivolto al passato, come se fossero certi che i migliori giorni della loro vita sono già belli che finiti e tutto ciò che gli rimane oggi è il ricordo del passato e l'attesa scarica di speranza nel futuro. Vittime della vita.
Chicco è nettamente il leader tra i due, ma ha costantemente bisogno di conferme da Spillo, il quale si fa sempre trovare pronto nel suo ruolo di spalla ideale, e ripete ogni frase di Chicco al contrario e con una diversa intonazione.
«Bologna ai nostri tempi era una città più viva... dico bene?»
«Eh sì... era una città più viva Bologna ai nostri tempi.»
Oppure:
«Quando avevamo la vostra età, uno stipendio bastava per divertirsi e mettere anche via qualcosina... Dico bene?»
«Eh sì... si riusciva a divertirsi e magari mettere via anche qualcosina con uno stipendio.»

O ancora:

«Non ci sarà più un Bologna come quello che ha vinto lo scudetto... ormai il calcio è uno schifo... dico bene?»

«Eh sì, il calcio fa schifo, ma il nostro vecchio Bologna...»

«Anche se forse con Baggio era un po' meglio no?»

«Eh sì... era meglio con Baggio.»

Chiacchieriamo del più e del meno per una buona mezz'ora prima che Matte si faccia avanti con qualcosa di utile per la sua causa.

«Quindi tutto fa pensare che voi due non siete morti.»

Così, diretto al punto. Mi piace quando prende il toro per le corna. Anche quando fa domande raggelanti come questa.

«Tu cosa ne dici?!» risponde Spillo.

«Dico che forse morire nelle canzoni è un po' come morire nei sogni degli altri... Si allunga la vita.»

Incredibile la sua capacità di disincagliarsi...

E poi continua: «Chi scrive, normalmente, ha il brutto vizio di pensare troppo in fretta al finale. Qualcosa che dia un senso alla storia che ha in mente. Spesso gli scrittori, così come i cantanti, o gli sceneggiatori si dannano l'anima per giustificare un'idea. Hanno bisogno di una chiusa, di una risoluzione, di un timbro che assolva la loro colpa. Quella di aver avuto il bisogno di raccontare qualcosa... E allora cercano, ancor prima della fine, che forse già esiste, un finale».

Chicco e Spillo rimangono muti e sconcertati dal freestyle di Matteo.

Io ci sono abituato ma tutte le volte mi stupisce. Riesce a cambiare il registro nelle sue conversazioni con una rapidità disarmante.

«Qual è la prima rima che vi viene in mente quando dico "morte"?»

Noi tre, all'unisono senza nemmeno guardarci: «FORTE!!!».

«Vedete... Ecco, un finale forte. Ci vuole un bel coraggio a chiamare in causa la morte, ma quando si ha un incipit forte, una storia forte, anche il finale dev'essere forte...»

«Un po' come la pubblicità in cui per una grande parete ci vuole un grande pennello e non un pennello grande? Ve la ricordate?» se ne esce Chicco.

«Mmh, ecco, quasi...» tira corto Matte, non capendo se Chicco sta parlando sul serio a dimostrazione di aver perfettamente capito il concetto o se sta tentando di sfoderare il suo sagace lato comico.

(A me comunque, 'sta cosa del pennello mi ha fatto morire...)

«Ma voi siete vivi. E nel 1992 il grande pubblico è venuto a conoscenza di Bersani attraverso la vostra storia. O quel che di vero c'è della vostra storia. Il Festivalbar ha ballato e si è divertito attraverso il ritmo leggero della canzone che ha mascherato la finta tragedia dell'incidente in quella desolante periferia raccontata attraverso materassi, lavandini, cessi rotti, copertoni, pannolini e sacchi dell'immondizia...»

«Quelli però erano veri. Quella merda la ricordo benissimo» interviene Spillo. «E, per dirla tutta, anche la storia della rapina non è che proprio sia falsa. Abitavamo appena fuori Bologna, vicino all'ingresso della tangenziale. Nostro padre era appena morto e mamma cercava disperatamente le forze e i mezzi per andare avanti e per far crescere, nel migliore dei modi, me e mio fratello a suon di schiaffi e di pasta all'uovo. Erano gli anni Settanta, il periodo delle contestazioni giovanili, dei fumetti di Andrea Pazienza... E poi sì... la contestazione... girava anche un sacco di eroina... A noi quella roba non c'è mai piaciuta, io la tiravo solo ogni tanto. Però rubavo, rubavo tutto. Qualsiasi cosa. Anche quello che non mi serviva. Rubavo e rivendevo. Allora si facevano un sacco di soldi con le autoradio e gli orologi. Tanto che a un certo punto, avevamo l'impressione di essere quasi diventati ricchi. Si rubava per abitudine, non più per necessità. Si rubava perché siamo cresciuti in mezzo a gente che rubava, non perché fosse la nostra missione. E poi, sul contestare, noi non eravamo bravi... Contestavano quelli più intelligenti di noi, quelli che sapevano usare bene le parole. A noi ci importava solo di avere le stesse cose che avevano i ricchi, non di cambiare il mondo.»

Spillo era entrato perfettamente nella parte. Il suo racconto si faceva scorrevole e sicuro. Si stava dimostrando non più soltanto la spalla approvante di Chicco, ma un abile narratore di avvenimenti.

«Poi quel giorno, Enrico mi chiama a casa dalla sala giochi dove passava tutto il resto del suo tempo e mi stacca questa storia assurda della rapina in banca... Al momento mi sembrò una stronzata un po' troppo pericolosa, poi mi sono lasciato convincere. Dentro di me ho pensato la classica cosa dell'*ultimo colpo e poi basta*. Infatti, così è stato. Ma non perché l'avessimo deciso noi. Lo ha deciso il maresciallo.

«Quella tragedia che ha cantato Samuele, è stata sfiorata per un pelo. Anche questo ha deciso il maresciallo. Siamo entrati in banca, tutte e due armati. Stava chiudendo. Abbiamo recitato, come nei film che vedevamo, il solito rituale del *fermi tutti, mani in alto, questa è una rapina*... e quelle cose lì... Ma eravamo veramente due dilettanti allo sbaraglio... Goffi e a viso scoperto. Uno degli sportellisti ha attivato l'allarme e non sono passati nemmeno quattro minuti, nemmeno il tempo necessario per capire dove fossero i soldi da rubare, che abbiamo sentito le sirene avvicinarsi. Io mi sono preso paura e ho urlato a Chicco di uscire al volo. Lui si è messo a insultare tutti e a bestemmiare. Poi è scappato prima di me. Siamo montati sul motorino, ma non abbiamo fatto in tempo a girare l'angolo che ci siamo trovati davanti alla pattuglia dei carabinieri con gli sportelli spalancati e due militari pronti a spararci in faccia se avessimo fatto un metro di più.

«Chicco non capiva più niente, ha sterzato, dato gas e si è messo a correre dalla parte opposta. Il maresciallo ha sparato. Poteva centrarmi alla schiena, invece ha abbassato la mira e con una precisione da tiratore scelto ha centrato la gomma del Garelli. *Buum!* Tutti e due per terra. Io con una gamba rotta e Chicco con la faccia in una pozza di sangue.

«Fai vedere la cicatrice, Enrico...»

«Eccola, difficile nasconderla...» fa Chicco, accennando un timido sorriso dopo aver mantenuto per tutto il tempo del racconto un'espressione tesa e preoccupata, quasi a dimostrare che ciò che sta dicendo suo fratello è ancora troppo vivo nella sua memoria per poterne prendere le distanze.

«E poi la Croce Rossa, quella sì, quella della canzone, poi l'ospedale e poi il carcere. Cinque anni a testa su sei per buona condotta. Celle divise.

«E dopo?» chiede Matte spostandosi verso il distributore dell'acqua e indicandolo come a chiedere permesso di riempirsi un bicchiere.

«Vai vai...» risponde Chicco prima di proseguire. «E dopo di nuovo la vita. Perché quella in carcere, a essere ottimisti, si può chiamare al massimo *esperienza* ma non *vita*. Ma c'è da dire che, come ogni esperienza porta in sé conoscenza e arricchimento, anche il gabbio è stato utile. Dico bene?»

«Eh sì, dici bene. È utile anche il gabbio.»

Ecco che riprende il palleggio tra i due con le regole e le cadenze a cui ci avevano abituato.

«Utile perché se si decide di farla finita con certe cose, quello è il posto giusto. Se lo si decide veramente, s'intende. Recuperare la droga è più difficile e quindi la strada che parte dall'astinenza e porta alla disintossicazione, lì è l'unica possibile. Ecco... però poi la vita. Di nuovo.

«Dicevamo... Gli ultimi anni dell'adolescenza dietro le sbarre e la vita da adulti che comincia con un foglio del giudice che attesta una nuova libertà, con le pezze da mettere e con la mamma che anche lei, nel frattempo se n'è andata. Soli, tutti e due con pochissimo in mano. Un passato fatto di errori e la grande passione dei motori che è rimasta. E via...

«Garzoni per altri cinque anni difficili ma puliti nell'officina del Walter. L'amico del papà di Samuele. Il signor Bersani che veniva a fare la revisione della sua Volvo.

«Ecco, credo che Samuele abbia sentito parlare per la prima volta di noi dal Walter. Il Walter è un uomo buono, burbero ma buono. Ci ha aiutato davvero. Ci ha insegnato il valore dei pezzi di ricambio e del lavoro onesto. Ci ha dato fiducia e seicentocinquanta mila lire al mese per cinque anni.

Quanto bastava per rispettarlo e per essergli riconoscenti. Poi si è pure affezionato. E gli è sempre piaciuto raccontare la nostra storia, un po' per sentirsi lui benefattore, un po' per dare forza alla sua teoria che un errore non può o non dovrebbe compromettere un'intera esistenza.

«Abbiamo sempre avuto il sospetto che anche lui ne avesse combinate di grosse da giovane per essere tanto convinto della sua tesi; ma non ha mai voluto approfondire il discorso. Dico bene?»

Per un attimo io e Matteo temiamo il peggio, ovvero che Spillo ricominci daccapo tutto il discorso in ordine sparso per dire la stessa cosa; invece, per fortuna si limita a un «eh, sì sì... Dici bene».

Poi fa un lungo respiro e aggiunge:

«Non so perché Samuele abbia voluto farci morire nella sua canzone. Forse per quella cosa che hai detto tu prima della fine. O forse perché, fatalmente, certi errori, nella vita si pagano doppio. E, *onestamente*, altri anni di carcere evitato, valgono, senza dubbio, una morte in una canzone.

«La nostra, per esempio, evitata per un soffio; che ci ricorda spesso quanto sia molto più divertente essere ancora qui.»

Squilla il telefono dell'officina...

«Pronto? Chicco e Spillo. No, signora, siamo in chiusura. Tutto pieno fino a mercoledì. Se vuole lasci la macchina qua davanti ma ci metta un cartello *consuscritto* GUASTA. Faccia attenzione perché qui le guardie sono tremende... Non perdonano.»

ANNA E MARCO

Anna bello sguardo non perde un ballo. / Marco che a ballare sembra un cavallo, / in un locale che è uno schifo / poca gente che li guarda, / c'è una checca che fa il tifo. / Ma dimmi tu dove sarà, / dov'è la strada per le stelle. / Mentre ballano si guardano e si scambiano la pelle... / ... Anna avrebbe voluto morire, / Marco voleva andarsene lontano. / Qualcuno li ha visti tornare / tenendosi per mano.

Matteo

Sulla fiducia

«Ok... Adesso che cosa facciamo?» mi chiede Christian, con un tono che potrebbe denotare tanto smodata impazienza, quanto prematura insofferenza.

«Oh, siamo appena saliti in macchina. Datti tregua!»

«Era per sapere. Sono le otto e mezzo. Missione compiuta. Aperitivo, *featuring* cena a Bologna, *featuring* sistemazione per dormire?»

«Non ti viene più comodo dire "e" al posto di *featuring*? In realtà secondo me potremmo già passare alla prossima meta.»

«Sempre a Bologna?»

«Quasi... un paesello a una quarantina di chilometri da qua...»

«E verso quale sorpresa andiamo incontro?»

«Anna e Marco.»

Chris resta zitto per un attimo guardando fisso davanti a sé.

«Amici tuoi?»

«Sìì, come no? Noto che la tua conoscenza della musica d'autore rasenta vette inesplorate.»

Sguardo perso di nuovo.

«Cosa vuol dire...? Se io ti dico *Holiday in Spain* dei Counting Crows ti dice qualcosa? No, vero? A me sì... Quindi non incominciare a fare il professorino.»

«Uh, si è offeso... pazienza. Dobbiamo andare a Monterenzio. Mi ha dato la dritta un amico di Marina, la segretaria di Viviani. Quando Marina ha saputo quello che stavamo per fare, mi ha mandato questo SMS... leggi.»

E passo il telefono a Chris che legge a voce alta:

Chiama questo ragazzo; potrebbe esservi utile. Siete stupendi. In bocca al lupo... M.

«Quindi diceva anche a me quando parlava di *stupendi*?»

«Sei allucinante... Sì, diceva anche a te, pensa, senza nemmeno conoscerti: sulla fiducia. Comunque ti avviso che Marina non è un granché... Il numero che mi ha mandato è di un soggettone, di quelli mezzi matti, un fissato, simpatico: laureato al Dams con una tesi su Lucio Dalla, sa tutto di lui... ma tutto, tutto. Tipo che se a *Sarabanda* si giocasse solo con le canzoni e la vita di Lucio Dalla, lui all'Uomo Gatto gli farebbe un culo così. Te lo ricordi l'Uomo Gatto?»

«Certo che me lo ricordo, uno degli episodi più trash della TV italica... Comunque, cosa aspettavi a sfoderarmi la carta di questo informatore segreto?»

«Boh, volevo vedere come andava la prima... di giocarsi subito il jolly non sarebbe valsa la pena. E, se Chicco e Spillo ci avessero paccato non so quanto avrebbe avuto senso continuare. O con quale spirito l'avremmo fatto. Ma visto che la prima è stata buona e siamo qua vicino, un piccolo aiuto alza il morale della truppa...»

«E quindi lo zerozerosette della canzone conosce Anna e Marco? Andiamo da lui? Abita a Monterenzio?»

«No, no, lui adesso abita a Milano... però sostiene, con una certa sicurezza, che Anna e Marco siano una coppia che ancora oggi abita a Monterenzio.

«Sembra ci sia arrivato dopo una ricerca fatta per la tesi, tra gli amici d'infanzia di Lucio Dalla. Uno di questi, pare facesse parte di quella combriccola che andava a ballare il sabato sera con Anna e Marco in quel famoso locale "che è uno schifo". Che peraltro avrebbe anche un nome che è uno schifo: il Giustappunto disco-pub.»

«Minchia, è qualcosa di orrendo...»

«Infatti! Ma tant'è... Questo locale esiste ancora e sta a Monterenzio, quaranta chilometri fuori Bologna. Secondo me è un buon punto per iniziare a cercare.»

«E questo matto conosce solo Lucio Dalla o ci può tornare utile più avanti?»

«Non credo. Te l'ho detto, ci giochiamo subito il jolly... poi di nuovo tutto sulle nostre spalle.»

«Meglio che niente... e quindi mangiamo là?»

«Direi di sì, magari troviamo anche un buco per dormire; tu che ne pensi?»

«Ma sì, basta che ci muoviamo, che ho una fame che non s'affronta.»

Non passano cinque minuti che Christian si addormenta.

Matteo

Considerazioni in viaggio

Io non credo che esista il "per sempre". Sono più propenso a credere che esista il "per tanto". E pure su questo, forse, nutro dei dubbi.

E chi mi racconta che c'è un Amore che esiste per sempre, secondo me, racconta, prima di tutto a se stesso, una grande bugia.

Posso escludere dal mio pessimismo l'amore puro di un genitore verso un figlio, quello più conflittuale ma sincero di due fratelli, azzardo anche l'ipotesi di chiamare "amore" il forte rapporto che lega due amici; però no, in quello che comunemente tutti chiamano "amore" non ci vedo l'infinito.

E posso, tuttavia, astrarmi per un istante anche dalla mia storia personale.

Quella che parte sempre da lì... dall'infanzia, dai genitori; che nel mio caso hanno ampiamente sottoscritto il fallimento del loro matrimonio quando ancora ero piccolo, e proprio per questo in grado di assorbire ogni minima sfumatura dei malesseri di mamma e papà.

Loro di certo non mi hanno invogliato a credere che l'amore possa durare per tutta la vita; in verità nemmeno per più di tre anni. Ma neanche quello che ho visto e vissuto dopo mi conduce verso una traiettoria più incoraggiante.

Ma al di là dei dibattiti che posso intavolare con me stesso sulla durata possibile dell'amore, sono arrivato all'unica conclusione che io di 'sto maledetto amore non ci ho davvero mai capito un granché.

E se è vero quello che mi ha detto un tale, completamente ubriaco, poche settimane fa, davanti al bancone di un locale che "l'amore è tutto ma la vita è un'altra cosa", anche con quell'*altra cosa* confesso di non avere molta dimestichezza.

Eppure mi *sbatto un casino.*

Mi sbatto *'na cifra* – correggerebbero i romani – perché Amo.

E perché, a ben vedere, vivo.

Il mio stato di perenne insoddisfatto mi porta ad amare insistentemente oggetti d'amore disparati, o disperati, e vari.

"La vita è un'altra cosa" diceva il baldanzoso ubriacone l'altra notte... sì, ma cosa?

Vuoi vedere che la vita vuol dire (anche) far coesistere tutte le forme d'amore e spedire 'affanculo uno per uno i teorici della monogamia, del monoteismo, del monologo, e già che ci siamo del monolocale, in favore di un'orgia collettiva del "pluri"?

Del resto io ne sono sicuro: ho amato contemporaneamente tre donne, due uomini e me stesso; e senza nemmeno troppe distinzioni di intensità. Senza contare l'amore puro, dicevo, verso la mia famiglia e verso il cielo. E mi piace pensare di aver arrotondato per difetto... Forse sto solo ribaltando la tesi: LA VITA È TUTTO, e l'amore è un'altra cosa.

Pardon... Gli amori sono tante altre cose.

E come può, pertanto, un solo Amore durare per sempre? Cazzo, sono single.

Chris continua a dormire. Adesso do due colpetti di freno e lo sveglio.

Christian

L'innamoramento o giù di lì...

Ci siamo rimessi in viaggio da un po' e, ancora, non ci siamo scambiati un parere sul primo tassello del nostro folle mosaico. Tassello che forse, oltre ogni nostra speranza, ci aveva lasciato in bocca il dolce retrogusto dell'ottimismo. Tutto era filato liscio, e siamo riusciti addirittura a tirare fuori da due rozzi meccanici una struggente storia su quella che è stata la loro vita tribolata, il loro disagio, gli anni passati a pagare di tasca propria un errore di gioventù comune a tanti, soprattutto in quel periodo. In realtà io avevo solo fatto un po' da apripista... a tutto il resto ci aveva pensato Matteo, con una capacità di infondere una tranquillità e una comprensione tale nei due fratelli che, a un certo punto, mi sarebbe venuta voglia di raccontargli anch'io di quando, da piccolo, fermavo il mio vicino di casa ogni giorno e gli sgonfiavo le ruote della bici e lo mandavo a casa a piedi. Sono una brutta persona!!! Sono una brutta persoooonaaaaaa!!!

E giù a piangere.

Sarebbe stato imbarazzante.

Invece abbiamo messo agli atti la loro testimonianza, abbiamo ringraziato, abbiamo rifiutato l'invito a cenare a casa loro la sera stessa, ma abbiamo accettato una collana di cacciatorini che, nonostante sia chiusa in un sacchetto di plastica nel bagagliaio della Clio, emana un profumo a cui è difficile resistere.

«È andata bene no?» ho buttato lì.

«Tu che dici? Secondo me come inizio è figo... Fra tutti e quattro non so chi fosse il più spanato. Cioè, se ci penso bene, nessuno di noi riusciva a capire che cazzo ci stava a fare in quella conversazione, che ruolo avesse in quell'officina... Comunque siamo stati bravini, quasi credibili. Ora tocca vedere se, nei prossimi, ci piglia lo stesso culo di oggi o se finiremo esausti e a corto di risultati in uno sperduto agriturismo toscano a organizzare il ritorno in anticipo.»

Il profumo del salame nel bagagliaio riporta il mio discorso comunque al cibo.

«Ma scusa, non potevamo fermarci a cena? Magari ci raccontavano qualcos'altro... che ne so, magari qualche particolare sulla loro infanzia, magari veniva fuori che in prigione si sono convertiti al buddismo o all'islamismo come forma di redenzione e ora si fanno chiamare Mohammed e Ibrahim... nomi così... chissà se la canzone avrebbe fatto successo uguale.» Ormai ero partito a farmi domande e a darmi risposte da solo.

«Mohammed ha una cicatrice sulla faccia, / sta con suo fratello che si fa chiamare Ibrahim / e sanno già sparare come due fedayin...»

«Porcamignotta se sei scemo!»

«Chi lo dice lo sa di essere.»

«Chris?»

«Eh?»

«Non ti faccio *prrrrr* perché è roba seria...»

«Sentiamo...»

«Prima che ti svegliassi stavo pensando al "per sempre".»

«Ma che sei cretino?» intanto che procedo di classica ravanata. «Cioè hai pensato che riposo per sempre? Ma vai in culo!»

«No, seguimi. A parte la morte che una volta che t'acciuffa, così, a spanne, mi verrebbe da dire proprio che è per sempre... Ma sul resto?»

«Sul resto che?»

«Tu ci credi al per sempre, cioè a qualcosa che è proprio per sempre?»

«Sempre-sempre-sempre-per sempre sempre?»

«Sì, vietato dire Inter, un diamante o altre cagate.»

«Allora no.»

«Quindi è inutile che ti chieda se credi a un amore che sia per sempre.»

«No, non ci credo all'amore per sempre!» non ci ho dovuto pensare su molto.

«Cioè, credo che in generale le persone sbaglino l'unità di misura. Non penso che la vita possa essere valutata nell'ordine di mesi o di anni; la vita è fatta di attimi. E io ci credo. La felicità non dura un anno e poi se ne va per due. Dura un attimo e poi magari ti lascia un po' felice per qualche giorno... poi basta. No?

«Cioè, il dolore non dura un mese, dura un po' più della felicità perché agli uomini piace piangersi addosso, ma comunque è sempre una questione di attimi. Le sensazioni importanti, diciamo le emozioni di serie A, tipo gioia, dolore, amore... sono tutte questione di un attimo. Poi si trasformano in qualcos'altro che dura un po' di più: la gioia diventa serenità, il dolore ansia o malinconia e l'amore affetto. Non sono sentimenti puri, e comunque dopo un po' finiscono pure quelli e devi aspettare nuovi attimi.»

Sto per dire qualcos'altro, ma lascio passare qualche secondo, mi prendo un po' di tempo, come a sincerarmi che quello che sto per dire abbia realmente senso, come a controllare che non sia una cazzata della quale mi pentirò un secondo dopo averla detta, o una frase più grossa di me, che non saprò gestire in un'eventuale replica di Matteo.

Voglio capire bene se sto per dire qualcosa che veramente voglio dire. Ma mentre sto ancora valutando l'opportunità di esternare ciò che ho in testa, quello che ho in testa ha già deciso per conto suo di uscire dalla mia bocca, come un conato che non puoi controllare.

«Non me ne frega niente del per sempre o del per quanto, ma io ho voglia di innamorarmi!» ecco fatto.

L'acqua che Matteo sta bevendo a canna dalla bottiglia per

poco non gli esce dal naso... Se avesse reagito con sufficienza sarebbe stato peggio, ma anche quella risata rumorosa non era sicuramente un complimento.

«Tu vuoi cosa? Scusa, scusa... non ce la faccio... dopo questa le ho sentite tutte.»

Io resto zitto per un secondo, guardandolo di traverso, e lui rincara la dose con una squallida imitazione di me, con voce impostata da consumato attore teatrale.

«Perché io... io... Io ho voglia di... di innamorarmi. Ma vaffanculo!»

«Sono serio. Ho voglia di innamorarmi. Mica per sempre, anche solo per un po'. Solo tu puoi farti le seghe mentali? Io cosa sono? Una bestia?»

«Sì!»

«Ma vaffanculo!»

«No, dài scherzo» mi dice, e intanto continua a ridacchiare «solo che mi sembra un po' strano da parte tua... cioè, mi sembra un po' brusco il passaggio da uno che *quelchepassaingrassa*, a uno che *dimmicometipiacelacolazionechetelapreparerò-perilrestodellanostravitainsieme*. Tutto qua... poi oh, magari, sei cambiato... mi sembra strano da un giorno all'altro... L'altra sera al pub, se non ti portavo via, ti saresti fatto mezzo locale.»

Forse non era il momento giusto per dirgli che quando mi aveva accompagnato a casa poi mi ero fatto raggiungere da Nina.

«Ma che c'entra, ho voglia di trovare una ragazza con la quale passare del tempo, da presentare ai miei genitori, una che mi ci sveglio di fianco e non mi faccio delle domande sulla sera prima...»

«Ma magari fossi così, ma lo sai anche tu come sei...»

«Boh? Forse sono cambiato. I cambiamenti mica per forza avvengono dopo un percorso. Non è che devo frequentare un centro di recupero per erotomani e fare un esame finale. Lo sai tu quando cambi. E magari è questione di un attimo. Ti si accende una lampadina e bum! Qualcosa è cambiato. Ho voglia di trovare una donna da sognare di notte e svegliarmi la mattina rendendomi conto che stavo sognando lei...»

«Ma sognando come? Sognando che poi ti svegli con il pisello duro?»

«Ma no, pirla... del tipo che ho passato la giornata con lei e quando dormo sogno di passare con lei le ore che rimangono...»

«Cazzo hai visto? Un film con Meg Ryan? Ma sì... questo è quello che vorrebbero tutti e, a parte il domandone sul per sempre, mica è facile da trovare.»

«Anche Chicco e Spillo erano difficili da trovare, ma se cerchi, e hai qualcuno che ti aiuta a cercare, trovi!»

«È sempre tua nonna l'autrice delle tue pop-verità.»

«A te, invece, ti segue sempre Gandhi, vero?»

«Ti devo aiutare a cercare una donna?»

«Ma va, dove siamo, all'asilo? Amichetto di *classedeiverdi* aiuta amichetto *deigialli* nonostante le differenze di grembiule a conquistare fanciulla di *classedeirossi*... No, in quel caso, chi mi aiuta nella ricerca è una donna che sta cercando la stessa cosa... Sei destinato a incontrarla prima o poi!»

«Forse ti preferivo pirla.»

«Fai come ti pare, ma adesso sono sentimentaluccio!»

Mi sto innervosendo e Matteo, come è prevedibile, se n'è accorto all'istante, e inizia, però, a prendere sul serio ciò che gli sto dicendo.

«Dài... è che mi sei sempre sembrato... Cioè, mi sei sembrato... sei sempre stato uno che con le donne non vede al di là di una settimana.»

«Be', con Laura sono stato quattro anni...»

«Sì, ma tre e mezzo sono stati di troppo... A te non te ne fregava più nulla dopo un mese e siete restati insieme perché lei era innamorata... e tu un codardo.»

Aveva ragione anche su questo, purtroppo. E, pensandoci bene, se non mi avesse aggredito lei, una sera per disperazione, fosse stato per me, saremmo ancora insieme adesso, senza che da parte mia ci fosse qualcosa di più nobile di un po' di affetto. E ora che non c'è mi manca da morire.

Non sono uno che ha mai preso decisioni importanti in amore. Mai.

«Hai sempre avuto il cuore un po' rattrappito, non ti sei mai innamorato probabilmente, ma nemmeno ti sei mai voluto prendere il rischio... L'amore è una cosa da grandi. Però, oh, ripeto: magari sei cresciuto.»

«Ma sì, è quello, basta ragazze che scopi e poi chiami un taxi. Mi fanno stare male con me stesso...»

«Ora, però, non esagerare. Cosa sei diventato un Santone? Scommetto una cena che la prossima volta che ci ubriachiamo ti risale la scimmia di trombare qualunque cosa si muova... e sta sicuro che non starai male con te stesso...»

«Ok! Probabilmente andrà così, se stasera andiamo in un locale, probabilmente, dico probabilmente, mi lascerei andare. Ma poi sono sicuro che starei male con me stesso. Il sesso ultimamente, dopo, mi fa stare male con me stesso.»

«Ooocchei... starai male con te stesso...»

«Ultimamente sto così male con me stesso, che dopo essermi masturbato mi viene voglia di chiamarmi un taxi da solo...»

«Sì, vabbe', *palmizio*...» si arrende lui.

Niente da fare, non riesco a tenere un discorso su un registro di serietà per più di cinque minuti nemmeno se mi pagano.

Matteo lo sa, e mi vuole bene anche per questo, ma stavolta, mi sa che ha capito...

Comunque su una cosa siamo d'accordo tutti e due: per ora, il per sempre suona come una cosa impossibile.

Difficilissima; se ci mettiamo il beneficio del dubbio.

Christian

In comune

La mattina seguente Matteo, senza darmi troppe spiegazioni, mi trascina davanti al portone del comune di Monterenzio alle 8.30 del mattino. Ciò significa che ci siamo svegliati alle 7.30. Non lo facevo da quando ero stato in gita al castello estense di Ferrara in terza media.

Però la pensioncina dove ci siamo fermati non era male; il lettone abbastanza comodo, Matteo non ha scalciato e abbiamo speso in tutto, colazione inclusa, 40 euro.

Quindi mi potevo definire anche abbastanza soddisfatto e moderatamente riposato.

Seguo Matteo tra i vari sportelli degli uffici comunali invidiando la sicurezza del suo passo. Considerato anche che, se fosse per me, avrei difficoltà pure a trovare il bagno.

SPORTELLO CERTIFICATI

Ci si presenta davanti una signora di più o meno cinquant'anni, con capelli precisi-precisi come se fosse appena uscita dal parrucchiere, leggermente sovrappeso e con gli occhiali.

Non è proprio una di quelle donne che definiresti "belle donne". Non tanto per l'aspetto fisico, quanto per la smorfia di noia che le lampeggia sul volto.

Sarà la mattina presto, sarà l'ambiente statico di un ufficio comunale, sarà la faccia dell'impiegata, ma sono già depresso.

«Buongiorno! Ci scusi volevamo sapere se era possibile controllare i registri o gli archivi delle coppie sposate del comune di Monterenzio.»

«No.»

Fantastico. Come esordio non c'è male.

«Serve una richiesta da parte degli interessati.»

«Siamo noi gli interessati.»

«Vi prego di non farmi perdere tempo. Ci vuole un documento d'identità per richiedere qualunque certificato. E s'intende naturalmente un documento di colui per cui si richiede il certificato. Non uno a caso. Cioè non il vostro, che suppongo non siate nemmeno sposati tra voi stessi...»

«No, non siamo sposati tra noi stessi.»

«Signora, questa è un'emergenza» taglia corto Matteo.

Ora voglio proprio vedere cosa cazzo s'inventa...

La signora (non si capisce se spaventata dalla minaccia di Matteo, se conquistata dal suo solito charme che piace tanto alle cinquantenni o, piuttosto, annoiata dalla sua stessa pigrizia nel continuare sulle sue decise e burocratesche posizioni) si ammansisce da sola, con una rapidità insperata.

«Mmh vabbe'... tanto qua non abbiamo segreti...» (sembra sottintendere anche un "purtroppo"). «Si sposeranno sì e no tre coppie all'anno. Forse avreste fatto prima a chiedere alla parrucchiera della piazza. Ditemi, chi cercate?»

«Anna e Marco!» intervengo io.

«Anna e Marco? E basta?»

«Già... e basta... Troppo poco?»

«Ci vorrà un po' di più... e quindi dicevamo, perché li state cercando? Sono tutta curiosa curiosa, adesso. Due bei ragazzotti che fanno irruzione al comune di Monterenzio... non capita tutti i giorni. Avete dimenticato di fargli il regalo di nozze?»

«Guardi, una storia lunga. Non vorremmo portarle via troppo tempo...»

L'impiegata ci guarda alzando gli occhi senza muovere la testa come a sottolineare che aver paura di rubare del tempo a una che lavora in comune a Monterenzio suona un po' come una presa per il culo...

«Anna e Marco... sono uscite quattro opzioni, quattro coppie.»

«Ok, pronti, dica.»

«Anna e Marco Petrovini, può essere?»

«Non saprei... Ci serve sapere quando si sono sposati e, più o meno, quanti anni hanno.»

Ci guarda a metà tra uno sbuffo d'insofferenza e una risatina.

«Allora... Sposati il 14 maggio del '93. Nata nel '70 lei e... nel '70 anche lui...»

«No, troppo giovani.»

«Anna e Marco Gualtieri. Sposati il 23 aprile dell'86. Nata nel '63 lei e nel '59 lui.»

«Ho idea che siano troppo giovani anche questi! Quelli dopo chi sono?»

«Anna e Marco Devoti. Sposati il 31 maggio del '69. Nata nel '50 lei e nel '48 lui.»

«Loro potrebbero essere, no?» chiedo a Matteo.

«In effetti sì. Sentiamo gli ultimi?»

«Anna e Marco, pensa un po', Sisti. Sposati il 12 gennaio... Questi si sono sposati d'inverno... sono matti, 12 gennaio del '31. Nati...»

«No no!» la interrompe Matteo. «Troppo vecchi! Sono per forza i... come si chiamano i terzi che ha letto?»

«Devoti.»

«Sì, ecco. I Devoti. Ci può dare l'indirizzo?»

«Ragazzi, adesso mi pare troppo. Qui è questione di *praivassì*...»

«Signora, le ho già detto che è un'emergenza.»

Matteo ha la capacità di diventare indisponente da un secondo all'altro a una tale velocità che chi gli sta davanti non capisce se stia scherzando o facendo sul serio.

Mirella, così c'è scritto sul suo cartellino, ormai sfiduciata nelle proprie risorse, ma probabilmente anche talmente curiosa da rendersi complice di chissà quale caccia al tesoro, risponde con tono ancora vagamente scocciato ma che ha già ampiamente virato verso la rassegnazione: «Agli ordini, signorino...».

Sembra la classica risposta a una richiesta bizzarra ma tollerabile che avrebbe potuto dare a suo figlio.

«Allora, i Devoti... abitano... abitano... in chiesa!»

Oh, mio Dio. Lei scoppia in una risata fragorosa, Matteo si vorrebbe sotterrare io invece la seguo nel momento di ilarità.

«No seriamente... stanno in via XXV Aprile al 12. Serve altro?»

«Mirella, lei è un geniaccio!»

«Oh su su, adesso non esagerem...» dice la Mirella che un po' però ci crede a 'sta storia del geniaccio.

«Un vero amore, mi stia bene eh... bella la battuta della chiesa comunque eh... mi stia su con la vita!»

E mentre ce ne usciamo dal comune di Monterenzio, Matteo: «Scusa, ma che cazzo voleva dire con 'sta battuta della chiesa?».

«Ma che ne so, le faceva un sacco ridere...»

«Sì, ma hai riso anche tu.»

«Infatti faceva ridere anche me.»

«!?»

«Imposta il navigatore: via XXV Aprile 12.»

«Metto la X e la V o metto venticinque in lettere?»

«Fai come ti pare.»

«La X non la prende.»

«Allora scrivi in lettere.»

«Mmh... Geniaccio!»

Matteo

Anna e Marco e Lorenzo

Eccolo qua... citofono: "Devoti".

Cosa diavolo sto facendo? Cosa ci è venuto in mente?

Quale confessione mi aspetto di strappare a due coniugi che nulla avranno di diverso rispetto a una qualunque coppia di vecchi sposi di periferia?

Come mi presento? Come ci presentiamo ora?

Sono un po' agitato, ed è la prima volta che mi succede da quando siamo partiti.

Sento le mani sudare e il respiro farsi più veloce e affannato.

Ho come la sensazione che stiamo per violare un'intimità.

Sono emozionato.

Amo da sempre questa canzone. Dal primo momento in cui l'ho ascoltata. Ero poco più che un bambino, in macchina con mio padre, tornando a Milano dopo una vacanza in Sicilia.

Ho subito provato tenerezza per quei due ragazzi che tentavano di amarsi malgrado le loro "agrodolci" differenze descritte nella canzone.

Ho capito poi, solo col passare degli anni, il disagio della loro condizione esistenziale: quel sentirsi senza via di scampo, destinati a farsi risucchiare in una vita fatta di routine e di fughe dalla città il sabato sera per sognare una qualche America. Ma se "l'America è lontana, dall'altra parte della luna" allora conviene cercare la felicità vicino a sé. Per esempio in una storia d'amore.

E ora sono qui con Chris, quasi trent'anni dopo la pubblicazione di quel disco a indagare su un bilancio privato di due amanti.

Sulla durata del loro amore, quello apparente e quello effettivo. Con la possibilità che non coincidano affatto, e con il rischio, comunque, di non sapere mai la verità.

Lucio Dalla, durante un suo concerto la scorsa estate, presentando proprio *Anna e Marco* si è lasciato scappare un "sono sicuro che quei due, ancora si amano". Sottintendendo, in realtà, il fatto che, *di quei due* lui stesso ne aveva perso completamente le tracce.

Ma se proprio l'autore di quella meravigliosa storia prosegue per ipotesi o istinto, ho io il diritto di scavare tre le confessioni di due sconosciuti per arrivare a una verità di cui potrei pentirmi?

Come mi sentirei se, tra pochi minuti, scendendo da quelle scale che ora ci apprestiamo a salire, sapessi che Anna ha smesso di amare da tempo quel fisico esile del suo compagno di gioventù, rovinato oltre che dalla vecchiaia, magari anche dall'alcol, o da qualche brutta malattia?

Oppure, al contrario, se Marco si fosse fatto sedurre dall'antico miraggio di una grande metropoli, abbandonando tutto in cerca di rivalsa?

E se Anna avesse voluto veramente morire e ci fosse riuscita prima del tempo?

Basta Matteo! Ora sei qui. A un pianerottolo dalla verità. Ferma quella ferraglia che hai nel cervello e schiaccia "Devoti". Tra poco, forse, saprai.

«Prooonto?»

La voce non corrisponde né a quella di una signora di una certa età e nemmeno a quella di un uomo. Sembra piuttosto il tono scocciato di un ragazzino.

Rimango paralizzato e muto. Guardo Chris.

Ci pensa lui:

«Ehm, sì, buongiorno, cercavamo i signori Devoti.»

«Primo piano.» Secco, lapidario. Senza nessuna domanda o nient'altro da aggiungere.

E segue solo il classico suono di quando si apre, col pulsante di casa, la serratura del portoncino di ferro.

«Cazzo facciamo?» chiedo io.

«Non lo so, secondo te? Potremmo metterci a giocare a rubabandiera... a unduetrestella... Siamo qua, che altro vuoi fare, saliamo, no? Ha detto primo piano. Saliamo.»

Christian non sembrava affatto sorpreso dal sentire una voce che non poteva essere, per nessun motivo, né di Anna né di Marco.

Del resto, lui non ha preso parte al mio monologo interiore di due secondi fa, quindi era in qualche modo legittimato a non farsi nessun problema.

Durante la rampa di scale riesco solo a pronunciare la seguente e demenziale considerazione:

«Non erano Anna e Marco, al citofono.»

«No, direi di no. A meno che non abbiano imparato a rispondere al citofono all'unisono, e che in quel citofono non abbiano messo una specie di "vocoder" per camuffare la voce...»

Non fa in tempo a finire la frase e a inventarsi nuove stronzate che siamo già al primo piano e ci troviamo davanti alla porta un tipo sui vent'anni che ci viene incontro.

«Ciao.»

«Ciao» faccio io.

«Ciao» aggiunge Christian.

E il tipo, ancora: «Ciao».

Poi ancora io: «Ciao».

Chris: «Ne abbiamo già detti cinque... possiamo interromperci o preferite continuare?».

Il ragazzo sorride.

Io, raggelato, mi lancio in un: «Tu devi essere il tipo che ci ha risposto al citofono».

«Già. Devo proprio essere io. E tu chi sei, un sensitivo?»

Christian scoppia a ridere a un volume esagerato, come poche volte l'ho sentito fare, e si rivolge a lui:

«Grandeee!!!» E si danno un cinque.

Che la mia fosse una domanda, diciamo così, un po' inutile e retorica, lo posso anche ammettere, ma che sia diventata il pretesto per un'amicizia fulminea, tra Chris e questo simpatico ragazzetto, mi pare francamente un po' troppo.

«Cercate i miei? Siete dell'agenzia, entrate, avanti...

«Mio padre dovrebbe essere qui a momenti, è sceso un attimo a fare la spesa, mia madre arriverà tra una ventina di minuti. Sono Lorenzo. Piacere.»

«Sono Matteo.»

«E io Christian... bella!»

«Bella!»

Ammetto l'ennesima mia nuova snoberia.

Non mi piace più il "bella". Fa tanto giovinastro milanese fine anni Novanta. Ormai però tra quei due si è creata quell'insopportabile e sarcastica complicità hip-hop e io soprassiedo. Anche perché non potrei fare diversamente.

Lorenzo, in realtà, non sembra essere affiliato a nessuna *crew*, non indossa magliette extralarge brandizzate, e se ha i pantaloni un po' larghi è solo per via della sua altezza decisamente sopra la media. È un bel ragazzo, magro, con la pelle chiara e gli occhi, al contrario, molto scuri. Ha capelli lunghi, nerissimi, raccolti con un elastico senza troppa cura e uno sguardo senza dubbio intelligente.

«Agenzia?! No, no, nessuna agenzia...» e cerco di farmi venire in mente qualcosa di sensato per giustificare, a quel punto, la nostra presenza.

Qualcosa che possa funzionare prima con Lorenzo e poi, eventualmente, anche con i suoi genitori.

E nulla mi pare più verosimile e più credibile della nostra verità.

«Volevamo conoscere i tuoi genitori.»

«!? E per farci cosa? Non siete dell'agenzia immobiliare, quindi? Mia madre aspetta un tipo dell'agenzia. Doveva passare nel pomeriggio. Ma se non siete dell'agenzia, mi dite che siete qui a fare?»

Lorenzo sta improvvisamente cambiando espressione del viso e comincia a contrariarsi. E nonostante la confidenza a cui ci ha abituati, seppure per un istante e fino a un istante prima, sembra prendere immediatamente le distanze.

Interviene Chris, il più adatto dei due a ripristinare la situazione: «Ehi, tranquillo, veniamo in pace. Ora ti spiego...».

Veniamo in pace non si può sentire, ma evidentemente sortisce il suo effetto tanto che Lorenzo sembra acquietarsi di nuovo e guardarci con il sorriso benevolo dell'inizio.

«So che farai un po' fatica a crederci» prosegue Christian «ma prima di venire qui siamo stati in comune e non siamo nemmeno del tutto sicuri di trovarci nel posto giusto.»

«In comune? A fare cosa?»

«A cercare Anna e Marco di Monterenzio.»

«Siete nel posto giusto ma continuo a non capire...»

«Ok. Conosci la canzone *Anna e Marco* di Lucio Dalla?»

«Sì, certo. La conosco bene. E ora comincio anche a capire qualcosa. Poco, ma qualcosa. Ma voi, piuttosto, come sapete che si tratta di mamma e papà? Ho ventitré anni, quasi ventiquattro e mai nessuno, nemmeno in paese, mi è mai venuto a chiedere se i miei genitori c'entrassero qualcosa con quella canzone. Solo la mia maestra delle elementari, quando scoprì il nome dei miei, mi disse che Lucio Dalla aveva dedicato una canzone molto bella a due ragazzi che si chiamavano come mia madre e mio padre. Io provai a dirle che quei due erano proprio loro, ma credo mi abbia sempre preso per un mitomane. Penso che sia la cosa che mio padre mi ha ripetuto più spesso da quando sono nato e io ci ho fatto l'abitudine. Al suo orgoglio e oggi un po' anche al mio. Tanto che, quando me lo ricorda, o me lo ricordo da solo, quasi non ci faccio più caso. Penso che sia un po' come essere il figlio di Mike Bongiorno. Tu sai di esserlo ma non te ne frega più niente dopo un po'. Te ne dimenticherai pure, a un certo punto, di essere il figlio di un presentatore. Soprattutto se ai tuoi amici

Mike Bongiorno fa cagare oppure non fa nessun effetto. Avrei voluto vantarmi un po' di più coi miei amici con questa storia di Anna e Marco, ma la maggior parte di loro a malapena sa chi è Lucio Dalla. E se lo conoscono è di sfuggita e per *Attenti al lupo*, o quando va bene per *L'anno che verrà*. Anch'io, quand'ero più piccolo, avrei preferito pavoneggiarmi per qualche riferimento in una canzone di Justin Timberlake o di Eminem. Mi dicevo: ma cacchio, ma tra tutti i cantanti fighi che potevano dedicare una canzone ai miei, proprio quel tipo col parrucchino doveva capitarmi? Ma, tutto sommato, oggi capisco l'immenso valore della fortuna che mi è toccata. Seppure di traverso e non direttamente su di me. A volte penso a quante coppie di Anna e Marco possano esistere in Italia, di tutte le età e di migliaia di provenienze diverse, e che, probabilmente a tutte, sia capitato di pensare a come sarebbe bello se quel piccolo capolavoro fosse rivolto a loro. Indipendentemente dalla storia personale di ognuno. E invece è capitato a noi. È il segreto di una vita dei miei genitori che da piccoli erano amici di Lucio. All'inizio della sua carriera. Oh, ma non amici di quelli che non ci si perde mai... infatti poi si sono persi. Diciamo che, da quel che ho capito, erano buoni conoscenti. Ma evidentemente uno spirito sensibile come quello di Dalla è riuscito a catturare le loro fragilità e le loro promesse e a elevarle in una forma così poetica e duratura come la sua canzone. Ecco quindi che anch'io ho imparato a custodire questo segreto. Almeno fino a un minuto fa. E adesso tocca a voi... Che cazzo ci fate qui?»

Quel cazzo pronunciato con la ti-zeta tagliente, tipica di Bologna e dintorni, riesce a strapparci un sorriso e a stemperare un po' la profondità di quell'istante di stupore e meraviglia che Lorenzo è riuscito a creare con il suo breve ma diretto e intenso discorso, quasi che se lo fosse preparato e ripetuto per un'intera vita, non aspettando altro che il momento per scucirlo fuori.

Provo a spiegargli qualcosa io.

«Hai già detto molto. E ti ringrazio per la lucidità con cui hai riassunto una storia che dura da trent'anni. La storia che noi, come molti altri, conosciamo attraverso una cornice di musica e parole che oggi, per una nostra scommessa, non ci basta più. Anzi, a dirla tutta, non è nemmeno una scommessa. È solo un gioco a cui non abbiamo ancora dato delle regole precise. Se poi tutto questo sarà utile o meno, lo sapremo, forse, solo alla fine dell'estate.»

In quel momento sentiamo aprirsi la porta d'ingresso.

Chris, prima di me, si alza e sorride a un signore vestito in abiti piuttosto démodé, con i capelli color cenere che si appresta a richiudere a chiave la porta dall'interno.

Un paio di occhialini da professore di sinistra e un sacchetto della spesa in una mano.

«Buongiorno» dice Christian.

Il signore risponde con un sorriso ma non dice nulla.

Lorenzo si alza, gli va incontro e ci chiede di aspettare, seduti, un secondo.

È Marco.

Io resto seduto sullo sgabello dov'ero e il mio punto di vista mi permette di osservare Lorenzo di spalle che comincia una danza incredibile, fatta solo di movimenti delle braccia, davanti a suo padre che lo guarda stupito, e che cambia espressione cento volte durante quel minuto che a me pareva interminabile.

Chris, nel frattempo, fissa me con gli occhi sbarrati in un misto di incredulità e meraviglia.

Silenzio.

Solo il fruscio della camicia di Lorenzo che si agita con un'eleganza e un portamento delicatissimi.

Le sue mani sembrano disegnare nell'aria dei paesaggi astratti che solo suo padre riesce a vedere e a colorare con i suoi sorrisi e le sue smorfie della bocca.

Lo spettacolo continua ancora per una ventina di secondi, poi Lorenzo si volta di nuovo verso di noi:

«Lui è il mio papà. Gli ho già spiegato tutto. O quasi. Vi dà il benvenuto. Mio padre non sente da molti anni; da quando ha avuto un incidente in auto pochi mesi prima che io nascessi. Ha perso l'udito in seguito a un forte trauma cranico e da allora, lentamente, ha anche smesso di parlare. Non si è mai capito se per pigrizia o per ragioni cliniche. Come avrete intuito noi comunichiamo con il LIS: il linguaggio dei segni. Ho cercato di spiegargli chi siete, per quanto possa averlo capito io...»

Mi alzo immediatamente e gli vado a stringere la mano.

Lo stesso fa Chris.

Lorenzo, con la stessa disinvoltura con cui ci ha accolto e intrattenuto per tutto questo tempo, cerca di metterci a nostro agio dicendo di continuare a parlare normalmente, come se nulla fosse, e che tradurrà a suo padre tutto quello che lui non dovesse capire dai nostri movimenti labiali.

Chris, in preda a un visibile imbarazzo si lancia in un: BUON-GIOR-NO-IO-SO-NO-CHRIS-TIAN, scandendo le sillabe come si fa quando si cerca di comunicare con uno straniero di cui non si conosce la lingua.

Lorenzo ride. Io vorrei sotterrarmi.

«È normale» mi rassicura Lorenzo dandomi una pacca sulla spalla. «Succede sempre, non preoccuparti...»

Chris si scusa.

Non so se provo per lui, in questo momento, un fastidio cosmico o una tenerezza infinita. Non mi capita spesso di vederlo in difficoltà.

Marco si siede sul divano e si rivolge a Lorenzo con la stessa modalità di prima, chiedendogli di domandarci se abbiamo sete e se ci va qualcosa da bere. Poi si dichiara disponibile e curioso di rispondere alle nostre domande.

Tira un lungo respiro, aggiusta i cuscini del divano, mette le mani sulle ginocchia e ci guarda con gli occhi vispi e sorridenti.

Un po' come se anche lui si aspettasse da sempre quel momento, come se fosse impaziente di poter finalmente recitare a memoria la sua poesia preferita.

Lorenzo ci porta dell'acqua e Chris ne approfitta per passare l'accendino che stava sul tavolo a Marco, che nel frattempo sta sfilando una sigaretta dal suo pacchetto di Camel.

Lorenzo chiede scusa, estrae il telefonino dalla tasca e ci informa che sta per mandare un SMS alla sua fidanzata con la quale andrà a vivere a Bologna tra un mese, avvisandola che farà ritardo al loro appuntamento per stare un po' con noi.

Invio.

«Ecco sono tutto per voi. Ma adesso, Matteo, tocca a te.» mi dice con aria assertiva e un po' sbrigativa. «Calcola che mio padre è una gran chiacchierone...»

Ci mettiamo tutti a ridere, compreso Marco che ha capito la battuta senza che Lorenzo alzasse nemmeno un dito, e sembra averlo bonariamente mandato a quel paese con un gesto del braccio...

Cazzo, è un grande davvero, penso. E riesco, anche grazie a lui, a vincere la difficoltà dell'esordio.

Non spiego nulla del perché e del percome del nostro viaggio.

Sorvolo sull'introduzione e sui motivi della nostra presenza, contando forse un po' troppo sull'intuitività e sulla capacità di sintesi di Lorenzo, sperando che in quel minuto della loro "agitata conversazione" lui fosse riuscito a spiegargli anche quello che noi non avevamo fatto in tempo o non siamo riusciti a spiegare a lui.

L'impresa è comunque faraonica. Mi butto. Ci provo.

Non so se guardare Lorenzo o suo padre, decido per la seconda e comincio dicendo:

«Grazie, prima di tutto per la sua... per la vostra disponibilità.»

Un gesto della sua mano e i suoi occhi abbassati mi fa capire che non servono complimenti e che posso andare oltre...

«Siamo qui per cercare di capire se è tutto vero. Siamo venuti qui per domandare ad Anna e Marco chi sono davvero Anna e Marco. Siamo qui per conoscere a che punto siamo della storia e come ci si sente quando una canzone decide, prima della volontà degli stessi protagonisti, quale possa essere il loro futuro. Ma, soprattutto, una canzone che termina con quelle due mani che si incontrano, e che permette a tutti quelli che l'ascoltano di sperare che resteranno incrociate per sempre, è la premessa perché quel desiderio si possa ancora avverare o è una truffa gigante?»

Cerco di dosare le parole e di pronunciarle più lentamente possibile per dare tempo a Lorenzo di memorizzare tutte le domande e consegnarle al suo papà.

L'intesa tra i due è fenomenale e pare non ci sia nemmeno troppo bisogno dei movimenti delle mani di Lorenzo perché Marco sembra capire perfettamente le mie parole. Annuisce ogni tanto e quando gli sfugge qualcosa guarda suo figlio, che recita perfettamente, e con un senso del tempo proprio dei migliori direttori d'orchestra, un affascinante monologo fatto di gesti del corpo e di espressioni facciali.

Marco sta per cominciare la sua storia. E lo fa con meno fluidità nei movimenti, ma emettendo alcuni suoni gutturali che nascono e soffocano anch'essi e in perfetta sincronia con le sue mani e con l'alternarsi delle direzioni in cui va lo sguardo.

Ecco che in quel momento, di nuovo si riapre la porta d'ingresso.

«Ciao mà» dice Lorenzo.

«Ciao amore» risponde Anna. «Uh, sono già arrivati i signori dell'agenzia? Buongiorno...» Ed era chiarissimo lo stupore nei suoi occhi che si aspettavano di incontrare due rappresentanti un pochino più adulti o quantomeno vestiti in maniera un po' più classica.

«No, mà, non sono dell'agenzia. Sono Matteo e Christian e sono venuti per incontrare te e papà.»

Nel frattempo Anna si era già avvicinata alla guancia di Marco per una carezza affettuosa.

«Ah, buongiorno» ed è un buongiorno che sa più di indagine che di augurio. «In che senso? Posso esservi d'aiuto in qualche modo?»

Marco la afferra per un braccio e le fa capire che è stato lui il primo a essere interpellato e che quindi tocca a lui rispondere.

«Su, Marco, non fare il prepotente... Fai capire anche a me» Anna avanza.

Per nulla imbarazzata dall'impeto afono del marito, ma semmai innervosita dalla sua attitudine capricciosa di chi non accetta i propri limiti e si ostina a primeggiare.

«Eh, ragass, mio padre è un po' egocentrico, abbiate pazienza. Siete costretti a dare retta un po' anche a lui» mette ordine Lorenzo, spiegando nel frattempo anche ad Anna il motivo della nostra presenza.

Marco intanto ha già preso da parte Christian e persevera nel tentativo di spiegare qualcosa che Chris fa finta di comprendere perfettamente.

Tanto sa essere spregiudicato e superficiale in alcuni contesti, altrettanto è impeccabile sull'onore e sulla sensibilità quando si tratta di avere a che fare con coloro che lui reputa degni del più alto rispetto. Disabili in prima linea.

"Diversamente abili" sarebbe, addirittura, capace di correggermi in un'impennata di politically correct.

Insomma un po' di baruffa-buffa in casa Devoti.

Scompiglio familiare per decidere chi avrebbe risposto alla nostra domanda dai confini ancora incerti ma che evidentemente aveva suscitato attenzione e voglia di confronto da parte dei tre componenti del nucleo familiare di Monterenzio.

Ha la meglio Anna. Donna semplice ma elegante. Senza trucco e con la pelle curata a dimostrare meno degli anni che ha.

Anna, quella permalosa... Forse sì. In fondo poteva lasciare rispondere il marito. Con un po' di pazienza da parte di tutti se la sarebbe cavata benissimo anche Marco.

Anna, come sono tante. No, sembra che qui non sia proprio il luogo eletto per caratteri ordinari e scontati. Tutt'altro.

Anna bello sguardo. E questo è verissimo.

Sguardo che ogni giorno perde qualcosa.

Penso che sia proprio da questa frase di Lucio Dalla che si possa partire con la nostra chiacchiera-intervista.

Cerco lo sguardo complice di Chris. Lo trovo e mi sento legittimato nel mio goffo approccio marzulliano.

«Grazie Anna, prima di tutto. E ci scusi per la nostra invasione.

«Stavamo cercando di... Volevamo, ehm... Con suo marito si parlava... cioè... Come ci si sente a stare per trent'anni dentro a una canzone e per gli stessi trent'anni dentro allo stesso matrimonio?» Tanto vale andare subito al dunque, penso io.

Silenzio.

Tanto vale rispondere subito al dunque con il dunque, avrà pensato lei...

«Ogni cosa che dura» comincia, infatti, Anna sedendosi comodamente sulla sua poltrona «ogni sogno che resiste, ha qualcuno da ringraziare per la fiducia riposta. La fiducia non si compra e non si vende e nemmeno la si regala. La fiducia è come una forma d'arte: se si è ispirati la si dà. Perché fidarsi degli altri, che spesso significa pure affidarsi agli altri, non è sempre una cosa facile. Lasciarsi andare nelle mani di qualcuno è un gesto che richiede coraggio e consapevolezza. Dei propri limiti, soprattutto; e delle qualità di chi è migliore di noi. Fidarsi vuol dire credere in un altro e accettare di non vedere il risultato, subito, sotto i propri occhi. Aspettare.»

E su questo *aspettare* si ferma, sposta lo sguardo verso le tende, come se davvero aspettasse qualcosa. Forse, semplicemente un'altra mia domanda.

«Aspettare?» ripeto io, in mancanza di altri interrogativi degni di nota.

Avrei potuto chiedere "Aspettare che cosa?". Ma temo di anticiparla troppo.

«Sì, aspettare. Ma con fiducia. L'attesa costruita sulla fiducia in qualcuno passa molto più veloce di un'attesa da soli. La fiducia è l'ingrediente base per la costruzione. Di quasi tutto. Oh, sì sì. Naturalmente anche dell'amore. È che la fiducia è semplicemente la variabile determinante tra le cose e le cose importanti. Tra un rapporto e un rapporto importante.»

(Cazzo, è vero...)

«Tra un tentativo e un'impresa. Tra un assolo e un'orchestra. Tra un'idea e la sua attuazione. E poi, è tanto importante fidarsi di se stessi, tanto da ritrovarsi, all'improvviso *vicini a se stessi.*»

«Nella canzone che porta il vostro nome eravate due giovani che, più di ogni altra cosa, speravano...»

«Davvero. Pazienza se quello che speravi non è quello che hai.»

Ed è con queste poche parole che Anna risponde anticipando tutti, e tutto.

La fine della mia domanda e l'ennesimo tentativo di Marco di partecipare alla conversazione.

«Insisto con il concetto di *vicini a se stessi* perché questo significa pure fare due conti con quello che ti circonda e giudicarlo per quello che è e non per quello che volevi che fosse. E nel mio caso non è poco. Ma lo dico adesso, e non ci sono arrivata da sola. Me lo hanno detto tutti i miei cinquanta e più inverni in cui ha fatto freddo e che hanno, giorno dopo giorno, congelato la paura fino a farla diventare piccola e inoffensiva. E quando parlo di paura, intendo la paura di non farcela, la paura che abbiamo tutti di non essere all'altezza, la paura di una provincia che ti stringe e che ti fa credere che fuori da essa e dalla sua nebbia tutto sia migliore. Forse. Ma forse no. Perché i conti alle volte, sorprendentemente, tornano anche qui. Anche lontano dalle luci americane e da un sogno più grande delle stessa fantasia di chi lo fa. Me lo ha ripetuto spesso Marco, a modo suo... Me lo ricorda ogni giorno Lorenzo. Me lo dice la canzone scritta per me e Marco che lui non ha più la possibilità di ascoltare ma che può sempre rileggere tutte le volte che vuole. Me lo ha detto pure il dolore, un dolore antico e profondo. Un dolore che non racconterò. Il dolore è una cosa importante. Non siamo in confidenza.»

E sorride, ironica e intelligente, ancora una volta, anticipando il pensiero in stereo mio e di Chris: eh già, perché le cose che ha appena detto sono proprio cosucce...

«Si fa per scherzare... su. Nessuno ha l'esclusiva sul dolore, tantomeno ce l'ho io, quindi possa bastarvi sapere, piuttosto, che quel dolore, in parte, si è arreso a quel futuro che non si è mai avverato. Vicini a noi stessi, vuol dire anche liberarsi di qualche parte di memoria e fare spazio al nuovo che viene e che, alla peggio, diventa passato...

«Vicini a se stessi perché il mondo ti riconosca e perché si ricordi di te. Anche attraverso una canzone, perché no? Perché il mondo può ricordarti anche solo per una canzone. E non sarebbe comunque poco. Soprattutto se di quella canzone, dopo trent'anni, rimane quel miliardo di stelle. Non nei flipper, però, ma nel cielo. Un miliardo di stelle da far cadere una a una per raccoglierne i desideri.»

Reagire a tante parole è cosa difficile.

Christian e io rimaniamo in apnea, forse per altri trenta secondi...

Muti. Quasi increduli.

Lorenzo non sembra affatto stupito dalla ricchezza di quel monologo di sua madre, e di tante accorate sentenze.

Marco è già alla terza sigaretta. Giochicchia con una biro e sembra aver capito tutto. Annuisce soddisfatto come se Anna avesse semplicemente confermato qualcosa che lui ha precedentemente già detto.

Noi, al contrario, non sappiamo fare altro che continuare a guardarci e a deglutire.

Ecco la fortuna correrci incontro un'altra volta: suona il citofono.

Lorenzo risponde con quel "pronto? primo piano" che suona a tutti e due inaspettatamente familiare.

Entrano in casa l'agente immobiliare che Anna stava aspettando, insieme a una coppia di giovani sposini intenzionati ad acquistare la casa che i due coniugi avevano messo in vendita in previsione del trasferimento di Lorenzo e di un appartamento più piccolo ma con un gran bel terrazzo a pochi isolati da lì.

L'agente saluta con garbo Anna e stringe la mano a Marco senza dirgli nulla ma accennando a un timido sorriso.

La sua indifferenza alla disabilità del padrone di casa fa pensare che si siano già incontrati in altre visite all'appartamento con altri clienti possibili ma troppo indecisi.

Anche gli sposini o futuri sposini non badano al silenzio di Marco, probabilmente distratti dagli onori di casa di Anna e Lorenzo, da noi due, o dal loro entusiasmo nel curiosare nelle altre stanze valutando metrature e punti luce.

Lorenzo ci abbraccia, si scambia il numero di telefonino con Chris, ripromettendosi di chiamarlo prestissimo. Il primo dei tre che capita a Bologna o Milano ha l'obbligo di farsi sentire. La sensazione comune è che tutti e tre ci abbiano guadagnato chi uno, chi addirittura due amici.

Anna accarezza con un gesto dolcissimo, contemporaneamente, le nostre due facce, si scusa per l'interruzione, in qualche modo prevista, e per il poco tempo avuto a disposizione. Ci augura buona fortuna e ci chiede di tornare quando vogliamo nella sua nuova casa.

Marco apre una scatoletta di legno che sta sul tavolo e tira fuori due galatine. Di quelle confezionate singolarmente con la cartina bianca e azzurra di alluminio.

Ce le regala. Una a testa. Un gesto bellissimo.

Lorenzo ride. «Ragazzi, saranno lì da dieci anni. Non mangiatele.»

Marco bofonchia qualcosa. Sempre un po' scocciato per non essere mai preso troppo sul serio.

Ci avviciniamo alla porta d'uscita, e dal corridoio che porta verso le stanze, sentiamo arrivare la voce sguaiata della sposina che si rivolge al suo cavaliere in maniera un po' coatta:

«Amò è bellissima... che dici, questa casetta sarà nostra per sempre?»

E il cavaliere, sfigatissimo: «Cevto, tesovo, è tvoppo cavina. Se piace anche a mamma e papà savà nostva, pev sempve...».

SALLY

Sally cammina per la strada senza nemmeno / guardare per terra! / Sally è una donna che non ha più voglia... / ... di fare la guerra! / Sally ha patito troppo, / Sally ha già visto che cosa / ti può crollare addosso! / Sally è già stata punita! / Per ogni sua distrazione o debolezza / per ogni candida carezza... / data per non sentire l'amarezza!

Christian

Cose a metà

Ascoltare la storia raccontata da Anna attraverso le parole di Lorenzo è stato come passare dentro una centrifuga e uscirne sbriciolato, minuscolo e anche, perché no, un po' demoralizzato.

Riuscirò mai a trovare anch'io la pace, prima di tutto con me stesso? Riuscirò mai a essere così coraggioso, sereno e consapevole di quello che sono, da lasciarmi cadere senza rete tra le braccia di una donna?

Provo a essere sincero: non è che non ce la potrai mai fare, caro Christian, ma di strada da percorrere ce n'è ancora molta.

Matteo mi guarda come se avesse percepito che, in un certo senso, ho accusato il colpo, ma non dice nulla. Accartoccio il foglietto *consuscritto* l'indirizzo della casa che abbiamo appena lasciato e tento di far canestro in un bidone dell'immondizia a un metro da me. Centro.

«Perché l'hai buttato?»

«Boh, non serviva più... volevi appiccicarlo sulla Smemo?»

«Come stai?»

«Un po' così... forse il mio giovane cuore non è ancora pronto per incontri del genere; non potevamo intervistare qualcuno di più *easy*? Che ne so, Karima degli amici di Maria De Filippi?»

Con le mani in tasca e le spalle strette come se mi stessi giustificando, proseguo.

«Tu pensi di arrivare a essere come lei? O lui? O loro... Lorenzo sembrava potesse insegnarci, da solo, la vita a tutti e due...»

«Sì, lui è un tipo in gamba, ma ci si è trovato in mezzo. Quando ci si trova nel mezzo di un naufragio, se c'è qualcuno che si salva, è chi sa nuotare o chi impara a farlo al momento. E tra coloro che sopravvivono spesso si sente dire: non credevo che ce l'avrei fatta.

«È nei momenti difficili che le persone vengono messe alla prova. Ed è perché se la cavano che diventano persone speciali.

«Io ho fiducia in noi. Ovvio, se ci guardi adesso facciamo ridere. Trentadue e ventisei anni e sembriamo due scappati da casa, con niente per la testa, in giro per l'Italia senza nemmeno una meta... ma è solo perché non siamo obbligati a fare altrimenti. Sono convinto che se la vita ci dovesse mettere di fronte a una situazione dove bisogna dimostrare di essere grandi, saremmo pronti. Stai tranquillo.»

Stai tranquillo.

Stai tranquillo mi ha detto. E io, non so bene perché, mi sono sentito tranquillo immediatamente.

«Ora dove andiamo, capitan Findus?»

«Verso i filetti di platessa...»

«Io mi sposterei per dormire... arriviamo almeno in un posto dove ci sia un pub.

Se non bevo una Guinness muoio.»

«Vuoi tornare a Bologna?»

«No, non si torna mai indietro. Però in qualche posto un po' più vivo...»

«È che mi sa che per la metropoli dovrai aspettare il prossimo giro.»

«Cioè?»

«A un'ora da qua c'è Zocca. Zocca-Vasco. Vasco-Sally. Direi che se stiamo cercando Sally è il posto giusto per partire.»

«Eh, ma che sfiga!... cioè buono, però con 'sta storia che è sempre tutto a un'ora di macchina non ci fermiamo da quasi due giorni pieni. Sei sicuro che sia vicino?»

«Sicuro, ho controllato. Un'oretta... Cinquantotto minuti secondo il navigatore.»

«Ma cazzo... Di' la verità, tu 'sto viaggio lo stai preparando da trent'anni e me lo hai spacciato come un'improvvisata.»

«Dài... sali.»

«Quindi?»

«Quindi che?! Quindi macchina, Zocca e cerchiamo da dormire lì, magari un Irish pub lo troviamo...»

«Oh, come no! Zocca è famosa per essere la Dublino della Pianura padana... Andiamo.»

Decidiamo di evitare l'autostrada e di avventurarci nel dedalo di strade statali della Romagna, ingiustificatamente fiduciosi nel nostro senso dell'orientamento.

Lodato sia, quindi, il TomTom che ci siamo ripromessi di utilizzare solo in caso di effettiva e comprovata necessità. (Questa è una delle regole cazzare che io e Matteo ogni tanto ci imponiamo, per il solo gusto di non rispettarle e di dare la colpa all'altro quando insieme le infrangiamo.)

Dopo una mezz'oretta siamo a Sasso Marconi, incredibile ma vero, in perfetto orario sulla tabella di marcia. Mancano ancora una quarantina di chilometri a Zocca e se tutto andrà bene arriveremo a destinazione per le otto e mezzo. Un'ora, precisa precisa.

La figata di andare in macchina con un amico col quale sei in confidenza è che non sei obbligato a fare conversazione, e infatti siamo tutti e due in silenzio praticamente da quando siamo partiti.

Chissà a che diavolo sta pensando lui.

Se dovessi provare a indovinare, a giudicare dalla sua faccia, direi che sta cercando di dividere 345.689 per 7, a mente.

Sembra seriamente sotto sforzo e gli è venuta fuori la rughetta da concentrazione sulla fronte. Meglio non indagare.

Io sto pensando che sono contento di essere partito con Matteo per questa avventura, e che non mi è ancora minimamente passata per la testa l'idea di abbandonare la spedizione. Strano, per quanto mi riguarda.

Non saprei dire quante volte ho lasciato le cose a metà nella mia vita, e sembrerà incredibile, ma non lo sto dicendo in senso negativo. Sono sempre stato un accanito sostenitore del sacrosanto diritto di abbandonare, di fronte a qualcosa che si è inizialmente intrapreso con entusiasmo. Ho lasciato a metà scuole, libri, corsi di nuoto, lavori, lezioni di inglese, film al cinema, viaggi, concerti e qualunque cosa abbia un inizio e una fine delineabili, soltanto perché, a un certo punto, mi sembrava di perdere tempo.

Qualcuno dice che se non imparo a portare a termine ciò che inizio non crescerò mai, che bisogna arrivare in fondo alle cose, che sono un viziato e che, se continuo a lasciare le cose solo mezze-fatte, rimarrò per sempre un mezzo-uomo.

Qualcuno crede a questo. Io credo di essere uno che, come tutti, ha troppo poco tempo, e credo che in partenza siamo tutti mezzi-uomini e anche che, se sommo tutti i giorni risparmiati non leggendo le ultime cento pagine di un libro che non mi piaceva più, tutte le mezz'ore salvate uscendo prima da un cinema dentro il quale mi stavo addormentando, tutti i mesi che avrei buttato nel cesso facendo un lavoro che non era chiaramente adatto a me... Be' avrò molto più tempo a disposizione per crescere e molte più occasioni di trovare l'altro mezzo-uomo che mi manca. Chi si autoimpone, per testardaggine o per orgoglio, di arrivare alla fine di una strada cieca, già sapendo che alla fine troverà soltanto un muro alto di fronte a lui e sarà costretto a tornare indietro, avrà solamente sprecato le sue energie e percorso inutili chilometri di troppo.

In questo preciso istante, seduto sul sedile del passeggero di una Clio del 1992, di fianco al mio amico Matteo, in viaggio verso un paesino della Romagna, ho la sensazione che i chilometri che sto percorrendo saranno importanti per la mia vita.

Un'insegna sulla strada indica di girare a destra per PANIco. Lo trovo molto divertente. Cerco Panico sulla cartina ed effettivamente è proprio da lì che dobbiamo passare. In questo viaggio dobbiamo anche superare (il) Panico.

Non ho mai voluto ascoltare con attenzione le menate di Matteo. Un po' perché davvero non le capisco e non mi interessano molto. Un po', in verità, perché ne ho paura.

Alcune menate, per me, sono peggio dell'influenza. Contagiose. Tipo quelle che riguardano le malattie.

Cioè io non è che ho paura delle malattie, è come se avessi paura di aver paura delle malattie. Ci vado sotto per un sacco di tempo.

Tipo, una volta ho sentito di una ragazza che era andata in fissa e continuava a pensare a deglutire fino a che si stava per soffocare con la sua stessa saliva perché non deglutiva più.

Insomma una menata del genere. Quando me l'hanno raccontata, io naturalmente, pur sapendo di non avere quel tipo di problema psico-deglutivo (?!), ho cominciato ad aver paura di poterci finire dentro anch'io.

Quindi siccome mi conosco, quando Matteo mi dice che è stato male, ma non di influenza, di mal di testa o di stomaco, ma che è stato male a *modo suo*, io preferisco non chiedere di più.

Quindi, questo assolve, in parte, il mio proverbiale egoismo.

Ma, forse, questo è il momento. Io sono tranquillo. Lui, mi pare anche.

Voglio capire:

«Oh.»

«Oh.»

Ma che cos'è questo panico? Ti viene ancora?

Matteo

Spiegare l'inspiegabile

Panico... Non ci stavo pensando.

Il mio peggior nemico da quasi dieci anni.

E mentre io non ci penso più, ecco un'insegna che accorre a ricordarmelo.

Come a dire: non fare tanto il fenomeno che ti tengo d'occhio.

Vivere con il panico è un'esperienza psichedelica che può durare una vita.

Il fatto è che la vita non si chiama più così.

La vita diventa un surrogato di qualcosa che intuisci ma non afferri.

Una soluzione di serie B, un passatempo prima della morte, una lotta sfinente contro te stesso.

Dove chi lotta è contemporaneamente il soggetto e il complemento oggetto.

Un paradosso.

Come è un paradosso il panico.

«Oh.»

«Oh.»

«Ma che è 'sto panico? Ti viene ancora?»

Mi chiede Chris, dopo aver letto il cartello. Con la sua abituale aria di sufficienza.

Mi chiede cos'è il panico come se mi stesse chiedendo se mi va una gomma.

Ok. Amico mio, mi stai sfidando.

Accetto la sfida: «Metti che un giorno stai guidando da solo, sull'autostrada Torino-Milano, di notte. Sei un po' stanco, ma tutto sommato tranquillo. A un certo momento, verso Novara, succede qualcosa di strano. Cominci a vedere la linea bianca interrotta che si alza dall'asfalto e ti si piazza direttamente negli occhi, alla stessa velocità a cui stai andando tu con la tua macchina. Rallenti, non capisci. Ti spaventi. Non hai bevuto e non ti sei fatto una canna. Il cuore comincia a picchiare fortissimo nel petto come se volesse uscire, il respiro si fa corto e famelico di aria come se avessi corso per un chilometro per sfuggire a uno che ti vuole ammazzare. Le gambe tremano e la voce non esce. Anche le mani tremano, quando ti va bene. Oppure direttamente non le senti più. Sudi prima freddo, poi caldo e poi freddissimo. Credi che sia il tuo momento. Credi che la morte ti stia venendo a chiamare in un modo orribile e devastante, senza nessuna buona ragione. Così, perché ha scelto te. Te, da solo, su tutti. Ti viene da vomitare, da piangere, da strillare, da gridare aiuto. E non riesci a fare niente di tutto questo. Sei finito. Sei solo, sei perduto. Non capisci più niente. Stai per entrare improvvisamente in un mondo che sta ai confini del mondo. Stai morendo. E non muori. E non muori. E non muori. Allora pensi che stai impazzendo. Che da quell'istante in poi sarai pazzo. Che da quell'istante in poi nessuno riuscirà mai più a capirti. Perché tu non riuscirai più a parlare e a comunicare con nessuno. Il cuore sta divorando la pancia e i polmoni. Forse stai implodendo. O esplodendo. Il sangue ti scorre nelle vene come se dentro ci fosse sabbia e schegge di vetro. A ogni battito senti pungere il corpo e ogni organo ti sembra che si stia disintegrando dentro di te. Il cervello è fuori uso. Tu sei fuori uso.

«Non sei morto, ma sei pazzo.

«Riesci appena ad accostare nella corsia di emergenza prima dell'esecuzione finale. Prima di essere irrimediabilmente fuori da te.

«Hai salvato la pelle ma non la mente. Hai solo il tempo per immaginarti dentro a un ospedale psichiatrico. Per toccarti le tasche e assicurarti di avere portafogli e documenti.

«Perché qualcuno possa riconoscerti. Perché tu da quel momento in poi non ti riconoscerai più...»

«Checcazzo è, un film dell'orrore? Ma sono le tue solite esagerazioni o sei serio?»

«No, fratellino mio, sono serio, eccome. E quando finisce è pure peggio. Lentamente riprendi il respiro, il cuore si calma e ti ricordi anche come ti chiami e più o meno dove ti trovi. Ma sai che qualcosa di drammatico è successo e che da quel momento nulla sarà più come prima.»

«In che senso?»

«Nel senso che hai conosciuto la paura. Quella vera, quella impietosa, quella che non ti molla più. Intanto la paura della paura. Che sembra una stronzata ma è la peggiore.»

«Spiega bene, spiega bene, perché 'sta cosa mi sa che un po' ce l'ho anch'io...»

«Non è come aver paura di volare, come la paura dei pipistrelli, come la paura delle malattie, come la paura del buio... Sono tutte queste paure insieme, portate all'esasperazione con la paura di provarle di nuovo sempre e per sempre. Poi, a un certo punto, sei costretto a chiedere aiuto e se non lo fai sei un coglione.»

«E quindi vai dallo psicologo?»

«Anche. Ma non è quello il primo passo. Chiedere aiuto significa prima di tutto chiederlo a te stesso. Capire che da solo potresti non farcela e che, in fondo, sei stato talmente di merda che sei pure disposto ad accantonare per un attimo il tuo ego e i tuoi superpoteri da belloccio-fighetto-fortunato-intelligente ragazzino milanese e alzare la bandiera bianca.

«Anche perché succede che il mattino dopo ti guardi allo specchio senza riconoscerti più, cominci a pensare che la tua voce ti sembra strana, quindi la usi il meno possibile, ti senti spettatore di un film che dovrebbe essere la tua vita, ma quella che stai guardando non è vita. Somiglia di più a un incubo dal quale ti sembra non sia possibile svegliarsi.»

«Merda! sì, ma quindi... Ce l'hai ancora o sei riuscito a farlo passare?»

Chris è meravigliosamente, tremendamente pragmatico.

A lui importa la soluzione non la causa.

Infatti non mi chiede perché succede. Non mi domanda perché mi sono capitate e mi capitano certe cose.

Vuole solo sapere come se ne esce. Dovesse mai, per caso, capitare anche a lui.

In fondo, però, è lo stesso primo pensiero che fa chiunque abbia la sventura di passare attraverso un attacco di panico.

Ma la mia risposta di oggi, un po' evasiva ma saggia, è quella che mi hanno insegnato i medici e l'esperienza di questi anni:

«Si guarisce quando, FATICOSAMENTE, si riesce a capire cosa ci ha fatto ammalare.»

Chris la prende per buona e non fa altre domande.

Ma sono sicuro che ci sta pensando e non vuole rischiare di aggiungere nulla che possa sembrare fuori luogo.

Credo che questo discorso, comunque interrotto, lo abbia colpito.

Christian

Un primavera senza pomodoro

Entrare a Zocca per molti è come raggiungere la meta di un pellegrinaggio, il tempio di un fanatismo che in Italia non ha eguali. È come entrare in un museo dedicato a Vasco, anzi qualcosa di più personale... È come entrare a casa di Vasco.

Credo che se lo vedessi passeggiare per le strette viuzze di questo paesino dell'Appennino modenese, sarebbe sicuramente facile distinguere i "pellegrini" dagli "autoctoni". Sicuramente quest'ultimi lo saluterebbero per nome e con dei grandi sorrisi, così come si saluta il figlio del camionista che tutti amano e che è riuscito ad "andare in televisione". Niente divismi, ma sano, rustico, e provinciale orgoglio per il compaesano che ce l'ha fatta. I turisti gli farebbero una foto col telefonino come fanno i giapponesi con il Duomo di Milano. Ecco tutto. Personalmente Vasco non mi ha mai fatto impazzire e sono più rapito dal fascino che lui e questo posto esercitano sulla gente che dal posto in sé. E soprattutto in questo momento ho solo voglia di riempirmi la pancia e trovare una camera per dormire.

BED & BREAKFAST SPARTA. Un nome una garanzia, per il nostro portafoglio. Vada. Saliamo alla stanza 123, primo piano e subito a destra, solo per appoggiare il leggero bagaglio che ci portiamo dietro e soprattutto perché a me scappava...

Entro a fatica, cercando di centrare la toppa con la chiave, nonostante il portachiavi di ferro in dotazione pesi come un macigno e continui a rimbalzare tra il legno bianco della porta e le mie nocche. Credo che chiunque si sia chiesto almeno una volta nella vita il motivo di un portachiavi così esageratamente enorme. Enorme, di certo, rispetto alla chiave stessa, in alcuni casi addirittura rispetto alla stanza. È probabile che siamo anche arrivati tutti alla conclusione che serva a far sì che nessun malintenzionato tenti di rubarselo. Effettivamente il ragionamento non fa una piega. Chi vorrebbe portarsi a casa un portachiavi in ottone del peso specifico di quattro tonnellate con tre numeri anneriti incisi da un lato? Vuoi essere sicuro che nessuno tenti di rubarti la fidanzata? Mettiti con la ragazza più brutta che conosci. Problema risolto. Il principio è lo stesso. E comunque a me scappa, il dramma vero è questo, e mentre una miriade di perline di sudore freddo iniziano a costellare la mia fronte, non aiutandomi per nulla a concentrarmi sull'impresa, io continuo a litigare con la chiave in una tenzone tragicomica che termina per fortuna con il mio trionfo. Lascio lo zaino a terra appena dopo l'ingresso e mi fiondo in bagno mentre Matteo si lancia sul letto.

«Be' dài, comodo è comodo!» mi urla dall'altra stanza.

«Da che parte vuoi stare? Vicino-finestra o vicino-televisione?»

Esco dal bagno dopo cinque sofferti minuti, e mentre lo sciacquone sta ancora regalando le sue ultime note, mi getto anch'io sul letto.

«Non ho capito, dicevi?»

«Niente, hai scelto di stare vicino-televisione!»

«Ma a me non me ne frega niente della televisione, preferivo la finestra...»

«Eh, ma ti sei buttato dalla parte della TV!»

«Perché dalla finestra c'eri tu!»

«Capita, così puoi leggere meglio il televideo...»

Mi alzo di scatto. Torno in bagno e mi lavo la faccia.

«Ok sono pronto! Andiamo?»

«Dove?»

«A fare jogging sull'Appennino! A mangiare no?! Dove vuoi andare?»

«Ah... boh, io non ho molta fame e sto un po' a pezzi.»

«Io ho fame di brutto, vado a cercare becchime. Vuoi che ti porti qualcosa?»

«Tipo... della Fanta? No, grazie, dormo.»

«Guarda che se non mi mangi poi mi deperisci. Mia nonna diceva sempre che "sacco vuoto non sta in piedi". Poi vedi tu... se mia nonna ti sembra una cretina che dice le cose a caso...»

«Minchia, la devo troppo conoscere tua nonna prima o poi. Devo capire come cazzo sei uscito così!»

«Magari un giorno te la presento! Sicuro allora?»

«Sì, sì, sicuro. Piglia la chiave e quando torni non fare casino!»

«Signorsì!»

Scendo nella hall vuota e suono tre volte il campanellino di ottone appoggiato al bancone. Due volte per richiamare l'attenzione del portiere, una volta perché mi è sempre piaciuto farlo.

Mi faccio spiegare velocemente la strada per il posto più vicino dove mangiare un panino e scelgo, tra le poche opzioni, una birreria a un centinaio di metri da dove mi trovo. Per strada non c'è nessuno e, nonostante le mie aspettative non fossero certo quelle di trovare il carnevale di Rio, ci rimango un po' male.

Alla fine, al di là della nostra ricerca di personaggi (persone?) che nemmeno Dio sa dove stanno, queste sono pur sempre le mie vacanze. Un po' di sano divertimento non avrebbe fatto male, anche se sono effettivamente troppo stanco per pensare di andare "in vita".

Entro nella birreria e mi siedo a uno dei numerosi tavolini liberi, in attesa di una cameriera, guardandomi un po' intorno. Solite cose: bancone di legno, quadri a specchio che pubblicizzano birre appesi ai muri, menu pieghevoli su ogni tavolo, distributore di preservativi che si intravede dalla porta semiaperta all'ingresso dei bagni, e flipper in un angolo.

Non so perché ma ogni volta che vedo un flipper in un bar mi viene subito in mente *Radiofreccia*, il film di Ligabue.

Sinceramente non mi ricordo bene il film, e non sono nemmeno sicuro che ci sia una scena in cui compare un flipper... tant'è... flipper in un bar, uguale *Radiofreccia*.

«Cosa ti porto?»

La voce della cameriera mi salva da divagazioni mentali che mi avrebbero potuto tenere occupato una buona mezz'oretta.

«Mmh... da mangiare, non so ancora. Da bere, una media chiara... non l'avete la Guinness vero?»

«No, però abbiamo la Tennent's.»

Questa non l'ho mai capita. Ogni volta che vado in un pub che non ha la Guinness, il cameriere ci tiene a specificare che però hanno la Tennent's. Come se c'entrassero qualcosa l'una con l'altra. Come se una fosse la sostituta dell'altra. Come andare in edicola e dire: Scusa hai il "Corriere della Sera"? No, però ho la "Settimana enigmistica"! Cazzo c'entra?

«Ah, ok ottimo. Allora prendo sempre una media chiara, e... boh... un panino semplice. Prosciutto, insalata e mozzarella.»

«Un primavera?»

«Sì, ma senza pomodoro. Mi raccomando, che non mi piacciono proprio.»

La cameriera segna tutto, e mi lascia sul tavolo il foglietto con le ordinazioni.

1 M.C.
1 PRIM NO POM.

Semplice, chiaro, conciso.

Ricomincio a guardarmi intorno e noto che nel frattempo qualcuno si è messo a giocare con il flipper. Mentre aspetto il panino, mi avvicino per seguire la sua partita.

È un bel flipper, di quelli ultramoderni, il che stona un po' con il locale e a dir la verità anche un po' con l'intera cittadina.

Il tema è di *Ritorno al futuro*, scritto in arancione con un bel disegno sullo schermo di Michael J. Fox mentre esce dalla Delorean, e la pallina che schizza su e giù abbattendo le sagome dei cattivi del film.

A 100 mila punti sbuca la faccia da scienziato pazzo di Doc, che ti regala una vita.

Il ragazzo che sta giocando avrà più o meno la mia età, un po' robustello, con gli occhiali spessi appoggiati su un naso a patata pieno di lentiggini, ed è così concentrato che nemmeno si è accorto della mia presenza. Sembra un discreto professionista, di quelli che potrebbero giocare anche tre ore di fila e che riescono a salvare una pallina quando tutto sembra perduto, dando al flipper un colpo ben assestato con l'anca che nemmeno Marisa Laurito...

Probabilmente è lì da due ore e cinquantanove minuti, o forse io porto sfiga.

Sia nell'uno che nell'altro caso, casca anche l'ultima pallina e il ragazzo si gira stizzito dando una manata sul vetro, rendendosi conto solo in quell'attimo di essere osservato.

Mi guarda e io rispondo con una di quelle espressioni che si fanno quando ci si sente colpevoli ma non lo si vuole dare a vedere, alzando le spalle come a dire che, sì, può capitare. La vita è beffarda ma bisogna guardare avanti.

«Cazzo, ero a un passo dal record!»

L'espressione del mio viso si corregge di conseguenza a questa straziante notizia; la vita non è beffarda, è proprio spietata a volte.

Sa colpirti dove fa più male.

«Non avesse preso quel rimbalzo del cazzo! Ma si può?! Che sfiga del cazzo! Cazzo!»

«Sarai fortunato in amore...» tento di sgusciare fuori da questa situazione che, vista la veemenza del suo disappunto, stava diventando sinceramente imbarazzante e torno verso il mio tavolo.

Il mio panino è arrivato e addentandolo noto, con nemmeno troppa sorpresa, che ci sono dentro anche i pomodori.

Non sono mai riuscito a mandare indietro niente al ristorante. Mai.

Ho mangiato della pasta salata come l'oceano, bistecche che sembravano Adidas, e bevuto vino che, in confronto, il Tavernello è champagne, ma non ho mai avuto il coraggio di mandarli indietro per paura di passare per un viziato rompipalle.

E ogni volta, la cosa mi faceva terribilmente innervosire perché mi sentivo pirla e mangiavo pure male. Anche in questo caso, non faccio troppe storie. Alzo la prima fetta di pane e levo il pomodoro con le mani lasciandolo sul piatto, sperando che la cameriera noti almeno la sua negligenza. Infatti girando distrattamente tra i tavoli la ragazza alla quale avevo fatto l'ordinazione mi si avvicina.

«In cucina hanno messo i pomodori! Giuro che glielo avevo specificato eh...»

«Sì, sì, lo so, ho letto: "1 prim no pom".»

«Ah...scusami, te lo faccio rifare?»

«No, non c'è problema.. ormai li ho tolti. Credo che li lascerò qua di fianco al piatto a farmi compagnia...»

«Scusa ancora eh...»

«Figurati.»

Mi sorride e prosegue il suo giro tra i tavoli. Io le sorrido in risposta con la bocca mezzo piena. Do una sorsata di birra e mi sento nuovamente attaccato alle spalle.

«Non ti piace il pomodoro?»

È il ragazzo del flipper che prende una sedia e si siede di fronte a me.

«Posso?»

Tanto lo hai già fatto. Ero stanco dal viaggio e volevo solo mangiare un panino e andare a dormire.

«Prego... no, niente pomodoro. Non mi piace.»

«E non potevi dirglielo?»

Andiamo bene, ci mancava pure il grillo parlante.

«Sì, a volte non ci penso proprio alle cose, che ci vuoi fare?»

«Posso mangiarli io?»

Non ci credo. Mi viene da ridere, ma abbozzo.

«Fa' pure, accomodati, vuoi anche un po' di birra?» gli chiedo in tono smaccatamente ironico.

«No, no grazie. La birra mi fa male.» Risponde lui in tono dannatamente serio.

Si mangia i miei pomodori e fa una pausa, in cui mi guarda fisso mentre do un altro morso al panino.

La cosa non mi mette esattamente a mio agio.

«Prima ti sarò sembrato mezzo matto, con il flipper...»

A essere onesti, direi che in una scala di valore dei matti, stai appena un gradino sotto Jack Nicholson in *Shining*.

«Ma no figurati, e poi chi di noi non lo è...?»

«Anche tu lo sei?»

Ok, senti: non so cosa tu voglia da me, ma sto evidentemente facendo conversazione spiccia. Non è che devi prendere tutto quel che dico in senso letterale.

Decido di essere onesto.

«No, effettivamente io credo di essere un po' più normale. Senza offesa, eh...»

«E allora perché prima hai detto che lo siamo un po' tutti? Intendo... matti.»

Caro Dio, so che prima o poi tutti dobbiamo morire e spero che mi tocchi il più tardi possibile, ma nel caso tu abbia deciso che questo sia più o meno il mio periodo, ti prego, allevia questo strazio e uccidimi adesso.

Mi sto innervosendo.

«L'ho detto perché pensavo ti facesse piacere sentirtelo dire, ok? Tu non dici mai a qualcuno quello che pensi voglia sentirsi dire?»

Mi guarda e mi risponde perentorio «no!» come se la risposta fosse fuori discussione.

«Ok, sei una brava persona, hai superato l'esame e andrai in paradiso.»

«Il paradiso non esiste!»

Ora lo uccido.

«Ti sta dando fastidio?»

Sarà la voce di Dio? Ha ascoltato le mie suppliche. Forse ha deciso di risparmiare me e di eliminare il grillo parlante psicopatico del flipper.

Mi giro e c'è la ragazza carina dei pomodori che mi sorride imbarazzata.

«No figurati, stavamo facendo quattro chiacchiere.»

«Tieni Mamo, fatti una partita!» allunga al ragazzo davanti a me una moneta da 50 centesimi, come farebbe una madre con il figlio e lui, come farebbe un figlio con la madre, le fa un gran sorriso e corre verso il flipper per una nuova sfida con Michael J. Fox.

«Fa così con tutti quelli nuovi che vede. Qua ci si conosce tutti e lui va matto per gli estranei...»

«Non ti preoccupare. È che ne parli come di un ragazzo con dei problemi, a me sembrava solo un po' troppo... diciamo espansivo?»

«Clinicamente non so cos'abbia, ma di sicuro non è a posto... Si chiama Mamo, o perlomeno così dice lui, non ho mai visto i suoi genitori ed è sempre da solo. Credo sia autistico o qualcosa del genere. Sta qua tutto il giorno a giocare con il flipper o a parlare con la gente, che di solito dopo dieci minuti scappa.»

«E io quanto sono durato più o meno?»

«Mi sa che sei qua da un buon quarto d'ora... sei un eroe!»

«Be' anche tu sei molto paziente con lui...»

Per un attimo vorrei alzarmi, scusarmi e ricominciare a parlare con Mamo, perché mi sento in colpa per quello che ho pensato di lui senza sapere del suo problema. Poi però ho pensato che, in effetti, non conoscevo il suo problema, e che la conversazione si stava facendo interessante con...

«E tu come ti chiami?»

«Patrizia, sono la padrona della baracca.»

Patrizia... la padrona della baracca...

«Ciao, Christian. Piacere.»

«Piacere mio... e quindi... che fai da queste parti?»

«Sono in vacanza, più o meno. Mi sono fatto trascinare da

un mio amico in un viaggio strano. E, se me lo chiedessi adesso, farei anche fatica a ricordarmi bene come è iniziato...»

«Ti avviso che la mia curiosità è superiore alla mia pazienza» mi dice con un sorriso che non mi lascia scampo.

Non posso esimermi dal raccontarle tutto per filo e per segno, esibendomi in un soliloquio di un quarto d'ora senza nemmeno rendermene conto, ripercorrendo la nostra avventura fin qua.

«E quindi ora siamo qua a Zocca. Zocca uguale Vasco. Vasco uguale Sally.» E mi rivendo l'equazione di Matteo come se fosse farina del mio sacco.

«Spettacolo! Non ho mai sentito niente di più assurdo... Però, spettacolo! Ma lo sai che Vasco dice che Sally non è mai esistita?»

«Seee? Se lo dico a Matteo gli piglia malissimo...»

«Temo che sia la verità. In tanti siamo stati convinti per parecchio tempo che Sally fosse una ragazza che viveva e lavorava qua.»

Scandaglio lo spazio davanti a me a 360° in cerca di un volto che mi ispiri "sallytudine" dando evidentemente troppo nell'occhio.

«*Lavorava* qua. È inutile che cerchi. Non la vedo da un paio d'anni, forse tre. Si è trasferita a Firenze se non sbaglio. Però credo che si senta ancora ogni tanto con Muriel. Muriel, scusa... hai un attimo?»

Muriel ci raggiunge al tavolo e dopo essersi asciugata le mani sul grembiule nero del locale si presenta facendo un divertente inchino.

«Tu la senti ancora la Silvia?»

«Ogni tanto, perché?»

«E dove sta, a Firenze vero?»

«Sì, lavora in un negozietto artigianale di scarpe e borse di cuoio con il suo fidanzato.»

«Niente, ne stavamo parlando... solo curiosità.»

«No, aspetta un attimo» intervengo io. Non mi va che Patrizia si senta l'unica depositaria del mio racconto e che, per mantenere tale esclusiva, non permetta a Muriel di aggiungere particolari preziosi. Ah, le donne... tremende.

«Dobbiamo trovare Sally. Viva o morta.» (Mi sono accorto per tempo di essere stato un minimo esagerato. Zocca non è il Far West e mi correggo subito.)

«Vera o finta che sia. È importante; e se avete notizie su di lei ci svoltate la giornata.»

«Boh, per noi era lei...»

«Sì, sì, ok, ma vi chiedo, sinceramente: quanto siete convinte che sia lei? Conosceva Vasco? Erano amici? Sono stati insieme?»

«Ma va... No. Però si conoscevano come tutti. A Zocca ci si conosce un po' tutti, te l'ho detto.»

«Ok, ma dite che vale la pena di andare a Firenze a cercarla?» Sarà perché ora sono davvero stanco ma ho un minimo di cedimento e cerco rassicurazioni: vorrei evitarmi una *sbatta* infernale se a destinazione mi trovo una che ci dà dei dementi e ci manda a cagare...

«Senti, mica te lo posso assicurare.»

«Noi tre lavoravamo sempre insieme, e Vasco ci conosceva, e per Silvia ha sempre avuto un occhio particolare... Poi di più non sappiamo.»

«Ok, potete lasciarmi il suo numero di telefono? Magari se vuoi avvisarla prima tu...»

«Ma no, non è una che si formalizza... hai da segnare o te lo scrivo su un foglio?»

«Se hai un foglietto è meglio, ho dimenticato il cellulare in camera.»

Seguo le mani di Muriel, che lasciano numeri magici sul retro di uno scontrino dimenticato da un altro cliente, come si seguono le estrazioni del Lotto quando ti senti che stai per diventare milionario.

«Ecco qua!»

«Grazie. Siete meravigliose!»

Ci raggiunge al tavolo Mamo, evidentemente di nuovo sconfitto da Michael J. Fox.

«Me ne fai fare un'altra? Cazzo, l'ultima pallina ha preso un rimbalzo del cazzo!»

«Tieni!» Tiro fuori dalla tasca cinquanta centesimi. «Questa te la offro io, e non dire le parolacce.»

Mamo torna scodinzolante al flipper, come se non sapesse che prima o poi qualche altra pallina del cazzo prenderà un altro rimbalzo del cazzo, semplicemente perché è così che va la vita.

Mi rigiro verso Patrizia e Muriel ringraziandole ancora una volta anche a nome di Matteo, e dopo aver risistemato la sedia sotto il tavolo mi allontano. Dopo pochi passi Patrizia mi richiama.

«Ma, hai mangiato anche tutti i pomodori... non avevi detto che non ti piacevano?»

Con un piede già fuori dalla porta le sorrido.

«Infatti... ma questi erano buonissimi!»

Matteo

Firenze – Lungarno della Zecca Vecchia

«Un pezzo di carta che confermi che Sally sono io, non ce l'ho. Mi spiace per voi. Posso ipotizzarlo se volete, crederci un po' anche per voi. Ma voi due oggi non andrete via da qui con la sicurezza che io sia Sally. Io sono Silvia.

«Solo Vasco potrebbe raccontarvi la verità su questa donna. Io l'ho conosciuto in un periodo abbastanza turbolento della mia vita. E l'ultima volta che l'ho visto mi ha salutato proprio così: "Ciao Sally" mi ha detto. E mi ha sorriso come a dire che non si era sbagliato o confuso, mi aveva chiamato così apposta. Era il novembre del 1996, era da poco uscito *Nessun pericolo... per te.* Poi più niente.

«Pensate possa bastare? No? Se avete bisogno di attestati, mi dispiace ma non ne esistono. Quantomeno non in nessuna sua biografia ufficiale.

«L'unica sua dichiarazione sulla sua "ciambella col buco" – lui chiama così la sua canzone – è che Sally sia lui stesso, oggi, come Jenny era lui una ventina di anni fa. Certo, intitolare una sua canzone *Vasco* non avrebbe avuto lo stesso effetto. Per esprimere determinati stati d'animo, una figura femminile è probabilmente molto più efficace.

«Così non vi sembrerà del tutto strano se qualche volta, ancora oggi, mi capita di pensare di avere anche un secondo nome: Sally. O se continuo a sperarlo. Conoscete le donne, no?»

E noi, all'unisono sul tempo ma non sugli intenti.

Io: «No».

Christian: «Sì!».

«Complimenti!» prosegue Silvia, senza specificare a chi dei due fossero rivolti. «Ma quando una donna può aggrapparsi a un approdo, fosse anche un miraggio o una bugia raccontata a se stessa, credetemi, lo fa. Sally è la storia di una ragazza che la vita ha fatto diventare donna. E lo è diventata mentre non riusciva a trovare rami a cui aggrapparsi durante la sua caduta libera nel vuoto. Eppure, a pochi metri dal suolo, prima di schiantarsi a terra, le sue mani piene di graffi e di sangue hanno trovato prima ciuffi di foglie, poi esili rametti, poi finalmente rami robusti a cui affidarsi per salvare la pelle.

«Questa è Sally e questa sono anch'io.»

So benissimo a cosa vado incontro cercando Christian con lo sguardo, ma rischio lo stesso. Mi giro e a stento riesco a trattenere una risata. Ha la faccia di uno che sta pensando: "Sì, vabbe', adesso raccontaci pure che il Vietnam è stato duro, la rivoluzione russa una mazzata e anche fermare il carro armato in piazza Tien-An-Men non è stato un gioco da ragazzi!". Come dire, ho la sensazione che la nostra stia facendo leggermente la melodrammatica.

Per fortuna, anche lei si lascia andare a un sorriso, uno di quelli che ti abbracciano senza alzare le braccia. Subito prima di fare la fatidica domanda:

«E voi, perché? Perché mi stavate cercando?»

«Perché eravamo ubriachi...»

Ok, se questo doveva essere il modo con cui Christian intendeva fare colpo, forse poteva trovare qualcosa di meglio; tipo vogliamo trovare noi stessi, vogliamo trovarci l'un l'altro, vogliamo scoprire la verità, vogliamo essere sicuri di finire il rodaggio della Clio... qualunque altra cosa sarebbe stata più decorosa di questa risposta.

Intervengo io: «Non stiamo cercando solo te».

«Ah.»

«Stiamo cercando te e gli altri...»

«Ah, e perché?»

Christian: «Perché eravamo ubriachi...».

Ecco, ora ci sta.

Quando uno dice una cazzata, se la dice una volta sola rimane una cazzata. Detta due volte va bene.

Chris ha dei tempi comici tutti suoi; però bisogna dire che li ha.

Sto per cominciare il discorso presettato sul nostro viaggio, sui personaggi delle canzoni, sul senso del senso... ma ho il presentimento che Silvia mi potrebbe mangiare.

Ci sono persone con cui vale la pena avventurarsi in certi discorsi e altre con cui, gli stessi discorsi, non servono a niente.

A volte, perché non verrebbero compresi, altre volte, come in questo caso, perché hai la sensazione che qualsiasi parola sarebbe di troppo. Perché già tutto è compreso.

Silvia è una che quando parla ti scarica addosso una forza dirompente. Propria di chi conosce le parole e di chi le sa usare. E ne usa poche; ma sono quasi sempre quelle giuste.

Quindi non me la sono sentita di avventurarmi con fare piacione e orgoglioso nella spiegazione del valore della nostra missione; ho lasciato che facesse lei... chiedendole solo se avesse voglia di raccontarci il suo incontro con Vasco.

«Zocca, per l'Italia intera, altro non è che il paese di Vasco. Per chi ci è cresciuto e per chi ci vive, altro non è che un paese dell'Italia. E, come in ogni paese di provincia, c'è chi ipotizza la sua vita mentre la vita inesorabilmente succede... E io sono stata tra quelle che ipotizzavano una vita e intanto la vita succedeva. Secondo le sue regole e non secondo le mie.

«Avevo diciassette anni e stavo fuori casa da un po'. Mia madre aveva fatto piazza pulita di mio padre, di me e di mia sorella nel giro di pochi mesi... Diceva di non sopportarci più. Boh, forse si era sposata troppo presto e forse manco li voleva dei figli, ma questo non gliel'ho mai chiesto. Fatto sta che ci ha messo, uno dopo l'altro, ognuno per la sua strada.»

Parla sempre piano, con calma, senza tentennamenti, senza imbarazzo...

«Ho cominciato a lavorare nel locale dove avete incontrato Patrizia e Muriel e dove io, per la prima volta, ho conosciuto Vasco, a diciassette anni, appunto. Nonostante abitasse, credo, a poche centinaia di metri da casa nostra, non mi era mai capitato di incontrarlo per strada o in qualche negozio di Zocca. In realtà non ci sarebbe nulla di cui stupirsi considerando che i suoi passaggi a Zocca non sono poi così frequenti da una ventina d'anni a questa parte.

«Per un periodo è passato spesso al locale, la sera tardi, a bere qualcosa, poco prima della chiusura. Patrizia e Muriel erano un po' gelose perché era abbastanza evidente che Vasco cercava di farsi servire da bere quasi sempre da me. Mi prendevano in giro inventandosi improbabili cotte reciproche dove, invece, ci stava solo un po' di gentilezza e la voglia di scambiarsi quattro chiacchiere leggere prima che si abbassassero le saracinesche e che tutti si trascinassero a casa ognuno con il proprio bagaglio; chi di stanchezza, chi di soddisfazioni, chi di cose da raccontare e chi di fatica. Come quello che portavo io.»

«Mmh, di fatica?» mugugna Chris, come se avesse bisogno di ulteriori spiegazioni.

«Alla fatica a un certo punto ti ci abitui. Diventa una presenza costante con la quale fai i conti dal primo momento in cui apri gli occhi al mattino fino a quando li chiudi la notte prima di addormentarti; quando ci riesci.

«Perché la fatica è diversa ed è anche più forte della stanchezza. La fatica, a volte, non ti fa dormire. E non ti fa stare sveglia. La fatica la senti nelle ossa, nei piedi e nella testa. E puoi anche non dichiararla, puoi anche cercare di nasconderla e di tenerla a bada sfidando il mondo, sorridendo e dimostrando che la tua spina dorsale è capace di sostenere te, tuo figlio, i tuoi errori e quelli degli altri.

«Ma con la stessa precisione di una radiografia, ci sono uomini e donne capaci di riconoscere e di portare infinito rispetto per la fatica degli altri. Io credo che Vasco sia una di quelle persone.

«Io con lui parlavo delle vacanze che avrei voluto fare quell'estate, parlavo di Nora, la mia cagnona che ho dovuto affidare a mia sorella quando siamo uscite di casa. Abbiamo parlato della pizza, della Scozia, dei Nirvana e del sole della Sicilia. E lui, chiamandomi Sally, quella notte, mi ha regalato l'illusione di aver letto negli occhi, e in quei pochissimi riferimenti personali che posso essermi concessa o che mi sono inavvertitamente sfuggiti, il mio impegno nel sopportare e vincere la mia fatica...»

Chris è strano. Riesce a intenerirsi per cose che a me non fanno alcun effetto e ha la capacità di rimanere imperturbabile davanti a due occhi neri e giganti che raccontano con un'umiltà commovente la storia di una ragazza tostissima che oltre alla fatica sembra avere coraggio da vendere.

Infatti si rivolge a Silvia, ancora una volta, con un piglio eccessivamente severo e indagatore.

«Sì, ma, perdonami: cosa intendi tu esattamente per *fatica*? Qual è la tua fatica?»

Sembra che qualcosa gli dia fastidio.

Come se il solo racconto di una madre depressa e disadattata non bastasse a giustificare quel termine.

Capirei di più la sua diffidenza se sapessi che, anche nella sua storia personale, Christian ha dovuto sopportare chissà quali imprevisti o dolori. Eppure, così, su due piedi non mi sembra di ricordarne nessuno in particolare. O, forse, qualcosa è stato taciuto.

Restano altre due possibilità.

La prima è che Chris si sta immedesimando, tutto a un tratto con eccesso di zelo nel ruolo di protagonista agente del nostro viaggio, quindi con la meticolosità di un buon giornalista cerca di capirci un po' di più, non trascurando dettagli e precisazioni. La seconda, conoscendolo, è la più probabile: Silvia non lo sta convincendo del tutto, o non gli sta particolarmente simpatica.

A me, tutto sommato, quella domanda, fatta con quell'insistenza un po' fastidiosa, è parsa una domanda sbagliata.

Ma Silvia non è il tipo a cui si possano fare domande sbagliate. Sembra avere una coscienza totale di sé, del suo passato e del suo presente, e di come la sua vita, oggi, sia la naturale conseguenza di tutto ciò che ha vissuto, e di come non potrebbe essere altrimenti.

«Ok, ho capito» continua lei per nulla indispettita dal tono di Chris «è chiaro che stai pensando di avere di fronte una mitomane che, siccome ha una madre che ha dei problemi, si crede la protagonista di una delle più belle canzoni italiane degli ultimi dieci anni... Non è così.»

E si accende una sigaretta.

«Ho ventisette anni, sono una persona a cui è stato dato e tolto molto. Ma noi siamo fatti per avere tutto e per farci mancare altrettanto. Io ho semplicemente scelto per la prima ipotesi. E quel guardare al bicchiere mezzo pieno di Sally:

> ... forse la vita non è stata tutta persa, / forse qualcosa si è salvato, / forse davvero non è stato poi tutto sbagliato!

«sono state parole che mi hanno dato il coraggio per trovare la strada anche dove la strada mancava.

«Perché quando manca, la strada la si fa camminando.

«Se vuoi posso raccontarti del mio piccolo Davide, che non ha mai visto in faccia suo padre, della mia vecchia e scassata Ford Fiesta che è stata il mio appartamento per nove mesi, di mio padre che se n'è andato a vivere in Sudamerica e chi l'ha visto più, oppure di mia sorella che, come me, si è fatta un culo così tra le casse della Coop. Tutto questo, come puoi immaginare, non certo per vivere, ma per sopravvivere.

«Mi chiedi cos'è per me la fatica?

«Niente di più del tentativo di rendere adatta una vita inadatta. Non sono né una mignotta e nemmeno una drogata. Sono una donna che è stata messa alla prova come tante altre e più di tante altre.

«Voi che andate in giro in cerca delle verità sulle canzoni dovreste saperlo: una canzone diventa memorabile quando tocca il cuore di più persone possibili. E perché questo accada c'è bisogno che racconti di qualcosa di comune a più persone possibili.

«Ecco perché Sally sono io e mille altre insieme a me.

«Ecco perché, nonostante tutto, ho capito, più avanti, di non poter dire di essermi mai sentita "sola".»

Perché non ho mai una telecamera quando serve? Come in questo momento, per riprendere la faccia di Christian che dopo aver fatto il brillante sta incassando le bordate di Sally una dopo l'altra. Non sono pratico di calcio come lui, ma questa conversazione ha tutta l'aria di un tre a zero pulito. E forse, non è ancora finita.

«*Sola* è una parola che non mi è mai piaciuta molto, né, forse, mai mi è appartenuta.

«Qualche anno fa, quando ancora non abitavo a Firenze e prima di conoscere Claudio, il mio fidanzato, ho osservato molto le persone che mi stavano accanto mentre lavoravo nei locali, o mentre ero poco più che una mezza disperata senza un posto dove andare.

«Ecco, loro mi sembravano soli, con i loro impegni che gli risucchiavano la vita, ingurgitando caffè senza poter dire di essersene mai gustato uno. Gente che riusciva a incastrare appuntamenti e sentimenti nella tabella della giornata, confondendoli spesso l'uno con l'altro.

«Mi sembrava di vederli... Portare all'asilo i figli, strattonandoli per una mano, sperando che non avessero nostalgia di casa a metà giornata, per non avere lo sbattimento di dover tornare a prenderseli prima di sera, proprio come quando porti la macchina a lavare sperando che non piova un attimo dopo. Anche Vasco mi sembrava solo, quando passava la sera tardi a farsi un Jack al locale.

«Capite cosa voglio dire? Sono stata vittima della mia autocommiserazione.»

«È un po' come ammettere di esserti trovata in una condizione privilegiata per essere snob al contrario. No?» la attacca Chris, ma questa volta con un tono rispettoso.

«Esatto!» gli risponde lei con un trasporto di ritrovata intesa. «Capite no? Guardavo queste persone e le vedevo prigioniere delle loro stesse ricchezze, rese sole dall'incapacità di controllare quello che avevano guadagnato, spinte a sacrificare l'essere a vantaggio dell'avere... Facevo un po' tutti questi discorsi da freakettona e all'epoca mi sembrava una grande filosofia di vita.

«Avere tanto significa rischiare di perdere qualcosa. Non avere nulla ti permette di guardare dal fondo, aspettando...

«Essendo a terra, potevo vedere tutti avvicinarsi a me, sempre più in basso. Ma, per quanto si avvicinassero, continuavano a stare più in alto di me, lasciandomi sempre all'ultimo posto. Questa specie di nichilismo improvvisato mi aveva lasciato per terra con le ginocchia spezzate. Qualche volta, addirittura, mi sembravo più felice di loro, ma i conti non tornavano. Finché ho capito che tutte le persone che guardavo con distacco e un pizzico di compassione, in realtà se la vedevano quotidianamente con ciò che io avevo sempre preso come un gioco. L'idea di una casa *mia*, di una famiglia *mia*, di un qualcosa di guadagnato, e che avrei dovuto difendere con le unghie e con i denti non mi aveva mai neppure sfiorato.

«Il matrimonio era un contratto tra persone troppo deboli per cavarsela con le proprie forze, una stampella alla quale appoggiarsi nei momenti difficili per alcuni, soltanto un ingombro per altri, per quelli che la vita la vogliono attraversare correndo...

«Ma mi sbagliavo... Cacchio se mi sbagliavo. La vita è un macello...

> ... la vita è un brivido che vola via / è tutto un equilibrio sopra la follia...

«Ed è soltanto affrontandola che ti puoi sentire veramente vivo, perché chi è vivo non è mai solo. È come per i gatti... loro sì che hanno chiaro il concetto di solitudine. Avete mai avuto un gatto?»

«Mmh... no.»

«No, mia madre è allergica al pelo.» Dice Christian, visibilmente scosso dal racconto di Silvia e ormai lontano anni luce dalla sua iniziale perplessità.

«Io invece sì, da piccola. Sapete come muoiono i gatti?»

«In fila per sei col resto di due?»

«Divertente, ma sbagliato. Muoiono da soli. Perché lo vogliono. Mi ricordo che avevo più o meno dodici anni quando la mia gattina ha deciso di morire da sola. Non stava bene da un po' e un giorno è uscita dal cortile per infilarsi dentro una canaletta per lo scolo dell'acqua.

«Mio padre l'ha vista e l'ha riportata in casa, al caldo, con tutti noi a vegliare sugli ultimi suoi giorni. Appena ne ha avuto l'occasione è tornata in cortile e si è infilata dentro la stessa canaletta, questa volta un po' più in fondo. Noi la potevamo vedere, la chiamavamo e lei ci guardava ma non si avvicinava. Il giorno dopo era sempre lì dentro, morta. Questa vicenda mi ha sempre affascinato.»

Io e Christian restiamo in silenzio, non troppo sicuri di aver capito bene cosa c'entri la storia del gatto con la sua vita.

«Sembra che passino tutta la vita in solitudine, indipendenti e schivi come sono... ma è solo alla fine che si è tutti soli per davvero!

«Prima non c'è bisogno di lamentarsi. Ci ho messo un po' a rimettermi in carreggiata ma per fortuna i cambiamenti "mentali" non prevedono pratiche burocratiche e ci puoi lavorare da subito. La mia era autocommiserazione travestita da orgogliosa scelta di vita. L'ho capito un po' dopo ma, come si suol dire, meglio tardi che mai. No?»

«Ah, be', certo...» abbozza Christian, ormai entrato in totale sintonia con Silvia.

«Anzi, se alle cose ci arrivi dopo un percorso ti danno anche più soddisfazione. Mia nonna diceva che anche la pipì, se la tieni, poi è più bella.»

«Ecco Silvia, devi sapere che sua nonna è l'autrice delle sue migliori battute...»

«Be'» sorridendo «è importante anche avere qualcuno come sua nonna, con una semplice visione filosofica delle cose...»

Silvia si prende un attimo, per un lungo respiro, e poi decide di concludere.

«Ho commesso una marea di cazzate, in perfetta autonomia o per tamponare gli errori degli altri, ma non potrei mai dire di essere stata abbandonata. Nemmeno da mia madre.

«Comunque... se la mia vita più che una canzone fosse una di quelle soap che danno in TV, direi che per ogni personaggio che è stato fatto fuori dagli autori, ne è spuntato un altro migliore. Per esempio, ho trovato Claudio... con lui e Davide ho formato una nuova *vera* famiglia.»

«Un bel PACS si direbbe a 'sti tempi» dice Chris.

«Dov'è Davide?» domando io.

«Oggi è in palestra. A jujitsu. Sette anni, ma bello convinto. È appena passato a cintura gialla e diciamo che sa difendersi. Poi in questi giorni si è fissato che vuole farsi crescere un po' i capelli per farsi il codino. Sta in fase fighetto...

«Vi va un gelato? A cento metri da qua c'è la migliore gelateria di Firenze. Crema pasticciera e salsina fresca di lamponi...»

Non aspetta minimamente la nostra risposta, entra in laboratorio, prende un cartellino scritto a mano già preparato con un vago TORNO SUBITO, lo appende con la catenella alla porta del negozietto e ci fa cenno di seguirla.

Subisco enormemente il fascino di coloro che sanno governare i tempi dei loro discorsi.

Quelli che ti portano dove vogliono loro, o quelli come Silvia, che decidono quando è il momento di smettere e lo fanno con furbizia ed eleganza.

In questo caso, il gelato sembra la chiusa più appropriata.

Del resto, se il suo racconto, si snoda in mezzo a trame non sempre rassicuranti, una golosa coppetta può essere un buon finale.

Davide e una coppetta rientrano a tutti gli effetti in quel che si dice un buon finale.

Avrebbe potuto dire, vi va una bella bistecca? Un tagliere di formaggi? Vi va un würstel?

Non avrebbe avuto lo stesso effetto.

Invece ha scelto una cosa dolce come il gelato.

Non dev'essere stato un caso.

È come se ci avesse sgravato dal compito di dover aggiungere qualcosa. Quella sua merenda-proposta è il suo modo di levarci dall'imbarazzo di una compassionevole empatia; troppo difficile da ottenere da due estranei.

Sensibili, sì. Ma pur sempre estranei.

Christian

Farsene una ragione

La mattina dopo l'incontro con Silvia-Sally mi sono svegliato stranamente confuso. Ma, ancora più strano, non so nemmeno bene "confuso su cosa".

La chiacchierata con Silvia tutto sommato non mi ha sconvolto più di tanto. Mi è sembrata una storia importante, certo, ma come lo sono molte altre.

Da parte mia, a Sally un 6 politico, niente di più. Oh, mi è presa così.

Forse mi ha stranito svegliarmi in una camera che non è mia, forse accuso il tour de force degli ultimi giorni. Forse sto ancora sognando. Mi tasto la faccia, guardando Matteo che sta dormendo dall'altra parte del letto senza coperte, dato che quelle stanno tutte arrotolate dalla mia parte, e cerco un gesto significativo che mi faccia capire che è appena iniziata una nuova giornata nel mondo reale. Raggiungo il telecomando, accendo la TV e lo lascio cadere per terra. Lo spigolo di plastica dura del telecomando mi centra in pieno il collo del piede. In TV c'è Costanzo, e il piede fa male. Sono sveglio.

Mi trascino sotto la doccia quando il telefonino inizia a squillare svegliando Matteo.

«È il mio o il tuo?» urlo dalla doccia.

«È il twwuoj... crewhjo...»

Non ho capito un cazzo. Il telefono nel frattempo ha smesso di suonare. Chiudo l'acqua e ci riprovo.

«Non ho sentito... era il mio o il tuo?»

«È IL TWWUOOOOOOOOOOOJ...»

Mi sciacquo velocemente, esco dalla doccia e mi asciugo le mani per controllare.

«No, non è il mio. È il tuo. Certo che potremmo anche evitare di avere la suoneria uguale. A parte che se ci suona contemporaneamente davanti a qualcuno facciamo la figura dei frocetti...»

«Ej alhorjah hambjiala» mi risponde Matteo ancora mezzo addormentato e incapace di articolare bene le parole.

Credo mi abbia detto "e allora cambiala". Lascio perdere e gli lancio il telefono sul letto colpendolo al fianco.

«Che scassa palle che sei! Non mi puoi lasciar dormire ancora cinque minuti?»

«Ancora cinque minuti... Ancora cinque minuti» gli rispondo io, facendo una voce da femminuccia e tornando verso il bagno.

«E vestiti cazzo!»

Effettivamente sono sgusciato fuori dalla doccia nudo come un verme.

«Oh. Siamo di buon umore stamattina... non hai mai visto un uomo nudo? Ti facevi la doccia col costumino da piccolo? Non hai mai giocato a calcio? Ah no, lui suonava la chitarra...»

Non c'è niente di male nel suonare la chitarra, e forse nemmeno nel farsi la doccia col costumino da piccoli, ma per come si è svegliato, il mio unico obiettivo è dargli fastidio, anche se forse è ancora troppo addormentato per essere un degno bersaglio.

«Non ci credo... questa la meno!» urla Matteo dall'altra stanza dopo aver controllato il display del suo cellulare.

«Chi è?»

«È una matta che mi sta martellando... messaggi e telefonate di continuo.»

«Ma l'hai castigata?» gli chiedo io con il mio solito tatto.

«Sì, l'ho castigata...» risponde lui evidentemente disgustato dal termine che ha appena dovuto usare per riportare la cronaca di un atto sessuale.

«E quindi lei ora ti sta addosso?»

«Non puoi capire, una matta. Ma poi devi leggere i messaggi che mi scrive. Senti questo: *Da tre giorni mi manchi come l'aria e non so dove cercarti. Ovunque tu sia, ti auguro notti magiche.*»

«Seee... inseguendo un gol?» questo era un calcio di rigore.

«Capisci? A una che scrive così, cosa le devi rispondere?»

«Ma tu sei stato chiaro con lei dall'inizio o ti sono partite le solite menate? Guarda che non bisogna fare sempre finta di essere dei *gentlemen*... a volte è chiaro che due persone stanno insieme per attrazione fisica e basta.»

«Seeee, seeee... magari quando mi sveglio ne riparliamo eh...»

«Come vuoi...» evidentemente non è in vena di consigli.

Apro lo sportellino del frigobar nella vana speranza di trovare un succo di frutta alla pera per fare colazione. Acqua naturale, acqua frizzante, Coca-Cola, birra Peroni da 33, e due bombardini di gin e vodka. Niente succo di frutta.

«Comunque è incredibile» sbotto io, cercando di attirare l'attenzione di Matteo che è tornato a rigirarsi tra le lenzuola. «Cioè... qua una Peroni da 33 costa 4 euro. È comunque tanto, ma onesto. Una volta per lavoro ero stato in un albergo lussuosissimo a Napoli e una birra costava 8 euro...»

«Terribile» mi risponde quella larva di Matteo, minimamente interessato alla mia disquisizione etico-economica.

«No, ma scusa... dovrebbe essere il contrario! Più paghi l'albergo meno paghi quello che consumi. Come sugli aerei, no? Se prendi un low cost, paghi poco il biglietto, ma in compenso a bordo ti fanno pagare anche l'aria che respiri. Se viaggi su un aereo di linea hai tutto gratis. Negli alberghi, invece più paghi la camera più paghi la birra. È come se...»

Il telefono squilla di nuovo.

«Ti prego, dimmi che non è di nuovo la matta...»

«No, stavolta mi sa che è il mio. Se riesco a trovarlo...»

Frugo tra i vestiti che mi sono levato la sera prima, e il telefono è matematicamente nell'ultima tasca dei pantaloni in cui lo cerco.

Sul display appare LAURA CELL.

Da quando ci siamo lasciati, al telefono non mi aveva più chiamato. A parte due volte per Natale e due per il mio compleanno.

Oggi è il 14 luglio. Nulla di significativo.

Lascio squillare il telefono ancora una volta, cinque in totale, e premo il tastino verde.

«Prooonto!» esordisco io con quella tipica enfasi mischiata a stupore che producono le corde vocali quando ricevi una chiamata inattesa.

«Ciao.» Sta piangendo. «Ho bisogno di parlarti» aggiunge lei.

Per un attimo mi sento dentro *Matrix*, quando tutto il mondo si muove al rallentatore, mentre il mio cervello produce pensieri alla velocità della luce. Dando per scontato che ho combinato qualche casino, durante i primi istanti di quel secondo in cui ho tentennato, prima di proseguire la conversazione telefonica, mi faccio tre o quattro esami di coscienza, senza però, incredibilmente, riscontrare mie particolari colpe, presenti o passate, tali da giustificare una telefonata in lacrime da parte della donna che più delle altre, nella mia vita, si era avvicinata al concetto di "amore".

Mi sento innocente, quindi forse è successo qualcosa di grave, indipendente da me. Non so se sentirmi sollevato o terrorizzato.

«Dimmi, cos'hai?»

Laura fa una pausa, nella quale non riesce a trattenere un paio di singhiozzi e poi esplode in un: «È morto mio nonno!».

Altro momento *Matrix*. La vita reale si rallenta e io, sempre alla velocità della luce, mi lascio andare ad alcune considerazioni. Laura era molto legata a suo nonno, fin da piccolina, quando abitava a Genova e lui la portava a giocare in spiaggia o la seguiva a piedi, mentre lei sfrecciava con la sua bici con le rotelline sul lungomare di corso Italia. Quando stavamo insieme e avevamo qualche problema, lei chiamava immediatamente suo nonno, ancora prima delle sue amiche o di sua madre, quindi ho le mie buone ragioni per credere che lui mi odiasse. Per quanto mi aveva parlato di lui, e per il trasporto di cui erano permeate le sue parole ogni volta che si toccava l'argomento, ero fermamente convinto che quando mi raccontava di quanto le mancasse il mare, da quando si era trasferita a Milano, un buon novanta per cento di quella nostalgia fosse in realtà rivolta a nonno Alfonso. Sicuramente doveva essere una bella mazzata per lei. Detto ciò, sono anche abbastanza sicuro di aver pensato per un attimo, ma solo un attimo: "Sì, vabbe', aveva anche ottantasette anni, pensavi fosse un highlander? Bisogna farsene una ragione".

Ma di questo mi vergogno e chiedo scusa a tutti.

«Cazzo! E come è successo? Ve lo aspettavate o...?»

«No, è morto ieri sera sul divano... guardando il Commissario Montalbano...» risponde Laura, lasciandosi andare, comprendendo lei stessa l'ironia della situazione, a una risata isterica, che in meno di un secondo era già tornata a essere pianto, mentre tutto quel che mi viene in mente è: chissà che ne penserebbe il Commissario Montalbano, se sapesse di essere stato l'unico testimone della morte di nonno Alfonso... "Io non c'entro nulla. Morte naturale, caso risolto. Ci rivediamo alla prossima puntata, sperando che sia un po' più intrigante. Ora spazio alla pubblicità."

Chiedo scusa anche per questa.

«E tu come stai?»

La mia domanda è parecchio stupida e lei scoppia di nuovo a piangere, con un sussulto che batte nettamente quelli precedenti per potenza e durata.

«Cioè... intendo... c'è qualcuno lì con te?» tento di raddrizzare il tiro.

«No, i miei sono in vacanza. Mi hanno avvisata loro, io sono già a Genova, loro stanno tornando...»

«E Gigi? È con te a Genova?»

«No... non lo sa nemmeno, non l'ho ancora chiamato.»

Attenzione! Ancora una volta, tutti dentro al mondo *Matrix*. Ha telefonato prima a me. Forse mi ama ancora... ma no, sarà che io conoscevo meglio suo nonno... o forse Gigi non le dà sicurezza... forse mi ama ancora... ma che cazzo sto pensando? Laura ha perso suo nonno e io faccio il pavone perché mi ha chiamato prima di Gigi? Probabilmente era così sotto shock che ha fatto il primo numero che le è venuto in mente, senza motivo. Anche se non bisogna sottovalutare il subconscio... Forse mi ama ancora...

«Non dovresti avvisarlo?»

«Puoi venire qua?» mi dice Laura imperturbabile, come se mi avesse appena chiesto la cosa più normale del mondo. «Lo so che sei partito, ma ho bisogno di vederti.»

«Sì... boh... sono in Toscana con Matteo adesso... però... boh...quand'è il funerale?»

«Non me ne frega un cazzo del funerale, voglio che vieni prima che puoi. Per favore...»

A volte ci sono dei "per favore" che se detti in un determinato modo, da una determinata persona, in un determinato momento, potrebbero anche farti commettere un omicidio. Questo era uno di quelli e sono contento che Laura mi abbia soltanto chiesto di raggiungerla a Genova e non, che ne so, di uccidere Matteo, perché in quel caso, sarebbero stati cazzi amari. In quel momento le avrei detto di sì a qualunque cosa.

«Ok, parto subito.»

«Grazie ti aspetto.» È tutto ciò che mi ha detto, sempre con un filo di voce, prima di buttare giù la cornetta e lasciarmi con il telefono muto in mano, mezzo nudo davanti al frigobar di una camera d'albergo in Toscana a fissare la mia immagine rintontita, riflessa su uno specchio leggermente appannato dal vapore. Proprio come il mio cervello.

Matteo ha seguito, senza parlare tutta la telefonata, e anche dopo che Laura ha messo giù, non ha pronunciato una parola, concedendomi di poter decidere quando dare il via alle spiegazioni.

«È morto il nonno di Laura.»

«Cazzo, mi spiace... e dobbiamo andare al funerale?»

«In realtà non l'ho capito, so solo che la devo raggiungere a Genova.»

«Vuoi che partiamo subito?»

«Non c'è bisogno che vieni anche tu, magari piglio un treno, se mi dài uno strappo alla stazione...»

«Ci mancherebbe.»

«Ma non è meglio se tu prosegui con la prossima tappa? Poi io ti raggiungo dove sei. Così non perdiamo tempo.»

Matteo mi guarda e mi sorride. Si avvicina e mi abbraccia. Sa benissimo che mi dà fastidio questo genere di cose, e anche se forse in questo caso ne avevo bisogno, non do troppo spazio alle smancerie.

«Te lo ripeto, siamo partiti per un viaggio. Insieme.»

«Ok» dico io. «Grazie. Ci prepariamo?»

«Al volo. Quanto sarà da qua a Genova?»

«Boh, sei tu che gestisci la tabella di marcia... saranno tre ore?»

«Forse qualcosa in più, meglio muoversi.»

E così, la telefonata di Laura ci ha fatto deviare dal nostro cammino, se di deviazione si può parlare, considerando che non abbiamo un percorso preciso.

Come al solito, ci mettiamo in macchina senza dire nulla, e non lo facciamo per almeno altri trenta chilometri. È come se la Clio di Matteo fosse un tempio dove metabolizzare quello che ci succede quando siamo nel mondo esterno, un superguscio dentro il quale possiamo distruggere, per poi ricostruire i nostri pensieri e fare un po' di autoanalisi. In questo momento, inevitabilmente, stavo pensando "alla morte".

Per quanto riguarda la mia, di morte, in verità era un po' che non ci pensavo, anche se per un certo periodo ne ho avuto una paura fottuta, o meglio, ero convinto che stesse per arrivare a farmi visita da un momento all'altro. In quel caso, però, sapevo anche a chi dare la colpa: alla dannata televisione post 11 settembre, che ti bombardava giornalmente di cazzate riguardanti pericoli che arrivavano da tutte le parti. Prendi l'aereo: esplode e muori. Mangi il pollo: ti viene il raffreddore e muori. Mangi una bistecca: diventi pirla e muori. Fai l'amore: ti vengono tutte le macchie e muori. Vai allo stadio: la tua squadra perde, ti tirano pure un petardo, e muori.

Era impossibile pensare di salvarsi a questo Armageddon, quindi stavo attento alle etichette di quel che mangiavo, guardavo tutti con circospezione a San Siro, ho rinunciato a una decina di trombate facili e quando ero in coda all'aeroporto osservavo attentamente la gente in fila con me, alla ricerca di persone con determinati requisiti: primo, ovviamente, aspetto da possibili terroristi. Categoria nella quale non includevo soltanto i mediorientali, ma chiunque avesse barba lunga, occhiali e cappellino con la visiera calata sugli occhi o una faccia da duro, come i criminali dei film di Bruce Willis. Secondo, persone che, a mio insensato giudizio, avrebbero tranquillamente potuto morire quel giorno.

Per fortuna questa fase *apocalittipocondriaca* della mia vita è durata poco.

E comunque, da buon vigliacco, la mia morte è di gran lunga preferibile a quella di un mio affetto. Chi resta soffre sempre più di chi parte.

Per quanto riguarda il nonno Alfonso... be', ho sempre avuto un grande rispetto per il dolore di chi perde qualcuno di caro, però non mi sono mai lasciato troppo trasportare dai lutti altrui. E mi dà fastidio vedere la gente che fa diversamente. Non so bene come spiegarlo, ma per me i diretti interessati dovrebbero avere a disposizione tutto il dolore del mondo, senza che qualcuno se ne appropri indebitamente. Nella mia lista dei comportamenti che detesto, ovviamente, ci sono i cordogli pubblici. Non sopporto di vedere la gente piangere perché è morto il papa, Jim Morrison o Lady D., la trovo una mancanza di rispetto nei confronti dei loro familiari. Chi lo conosce il papa? E Jim Morrison? Il fatto che mi piacciano le sue canzoni mi dà forse il diritto di rubare del dolore a "mamma Morrison"? Come faccio a disperarmi per la morte di qualcuno a cui farei una foto col cellulare al passaggio del feretro? No, non si può.

Devo ammettere che è dura convincere la gente che la mia indifferenza di fronte al dolore di qualcuno sia in realtà un atto di generosità, quindi ho smesso di provarci. Ma giuro che è così.

Fuori dal finestrino i chilometri passano, e per il resto del viaggio io e Matteo parliamo di argomenti meno deprimenti, o comunque mirati a tenere la testa sgombra da brutti pensieri: cinema, musica, viaggi, gossip. Praticamente un numero di "Vanity Fair"...

Di fronte a casa di Laura è Matteo a suonare il campanello, spostandosi però dietro di me appena prima che la porta si apra e mi si presenti davanti una Laura che non avevo mai visto, con occhi gonfi e arrossati che nascondevano qualcosa in più di un lutto e le labbra distrutte dalla morsa nervosa dei denti.

«Ciao, abbiamo fatto prima possibile...»

Laura mi si getta addosso e mi abbraccia, ricominciando a piangere, mentre io resto lì impalato, tentennando un attimo, prima di appoggiarle le mani sui fianchi e poi intorno al collo per ricambiare la sua stretta. Tenerle la testa tra le mani, facendo scorrere le mie dita tra i suoi capelli non mi sembra per nulla un gesto familiare, ma talmente semplice, e allo stesso tempo potente, da farmi domandare per un secondo come cazzo avevo passato i miei quattro anni insieme a lei. L'unica risposta che mi viene in mente è: con il freno a mano tirato.

«Dài entrate» dice lei, prima di salutare anche Matteo con un bacio sulla guancia e lasciandoci libero l'ingresso.

«Non c'è nessuno, i miei sono a casa di mio nonno per la processione di condoglianze di amici e parenti... cazzo come odio 'ste cose...»

«Sì, sono strazianti, quindi mi limito a dirti che mi dispiace tantissimo» dice Matteo.

«Chris mi ha raccontato tutto, e mi sembra di aver capito che almeno non ha sofferto...»

«Sì, boh... È quello che mi dicono tutti, e un po' lo credo anch'io. Ma che cosa ne so se si soffre o no, quando si muore seduti sulla poltrona di casa. Magari dormiva, o magari ha avuto il tempo di rendersi conto che se ne stava andando e ci stava lasciando. Magari era contento, magari prima avrebbe voluto vedere il Genoa salire in serie A. Non credo che si sia mai veramente pronti. E comunque il punto è che non c'è più.»

Laura se ne va in cucina, mentre io e Matteo restiamo in silenzio in piedi nel salone.

«Potete anche sedervi eh... fate gli imbarazzati?» Laura era tornata con due bicchieri e una bottiglia di birra.

«Birra ne ho una sola. Chi la vuole? Altrimenti ho un Martini.»

Noi ci guardiamo, come se non facesse differenza, faticando un po' a interpretare il suo comportamento, apparentemente e maldestramente distaccato.

«È uguale...»

«Ok, allora la birra la bevo io, voi vi prendete il Martini...»

«Io veramente ho parcheggiato un po' alla cazzo, qua davanti, sono sceso per salutarti, però è meglio se vado a spostare l'auto e magari passo a recuperare un paio di cose che ci servono per il viaggio... torno tra una mezz'oretta ok?»

Guardo Matteo con lo sguardo torvo, facendogli capire che con questo suo tentativo di lasciarci soli ci aveva messo ancora più in imbarazzo, o perlomeno, aveva messo in imbarazzo me. Laura non sembrava minimamente toccata dalla cosa, avendo evidentemente ben altro per la testa, e lo liquida velocemente con un: «Ok, a dopo...».

«A dopo!»

«Sì, GRAZIE, a dopo» lo saluto io, mentre Matteo mi sbeffeggia con un sorriso.

A quel punto siamo soli, io e Laura, a casa dei suoi. Io non avevo ben capito cosa stessi facendo lì, lei forse nemmeno e nessuno dei due aveva il coraggio di dare o chiedere spiegazioni.

«Continuo a pensare che si svegliava sempre presto la mattina, anche la domenica. Diceva che avrebbe avuto tempo per riposarsi quando sarebbe morto... ecco fatto.»

A questo punto Laura si ferma un attimo e ricomincia a piangere. Me lo aspettavo, visto come era cominciata la frase, ed ero abbastanza preparato a questa evenienza. Con improvvisata sicurezza mi avvicino per abbracciarla e fin qui, tutto bene. Quello che non mi sarei mai aspettato era che Laura iniziasse di colpo a baciarmi con veemenza. Un bacio appassionato, arrabbiato e profondo al quale non ho potuto, e colpevolmente voluto, oppormi.

Senza mai staccarsi da me, mi trascina in camera sua e ci lasciamo cadere sul letto. Mentre Laura inizia a spogliarmi ho, per la prima volta, il tempo di riflettere velocemente su quello che sta succedendo, sul fatto che è l'ultima situazione nella quale avrei pensato di finire questo pomeriggio, e di chiedermi se sia giusto o sbagliato, cercando di convincermi che, in fondo, io e lei ci siamo amati, e un pochino ci saremmo amati per sempre, quindi in un certo senso è tutto ok. In un certo senso. Di sicuro ciò che sta accadendo ha, per quanto inaspettato, il sapore della prima volta, e non c'è sensazione più bella, rassicurante, e paradisiaca di quando sfili le mutandine alla tua fidanzata per la prima volta. Quando ti vengono affidate le chiavi di una nuova città.

Io sono esattamente a poche iarde dalla meta, e a pochi passi dalla vetta del Monte Rosa. Da lì in poi sarebbe cominciata la discesa, quindi non potevo sbagliare. La situazione era già abbastanza al limite dell'imbarazzo per incepparsi in un momento così delicato. Sicuro, deciso, preciso. Le dita le accarezzano la pancia per scivolare appena sotto l'elastico, risalgono per poi affondare un po' più giù, e risalire di nuovo. Mi alzo sulle ginocchia davanti a lei guardandola fissa negli occhi, in cerca di non so nemmeno io che espressione, e con due mani le sfilo le mutandine tirandole dai fianchi. Questo è quello che fisicamente si chiama punto di non ritorno. Facciamo l'amore con intensità, passione e, personalmente, senza senso di colpa. L'unico pensiero che per un attimo mi ha offuscato la mente è stato che, rispetto all'ultima volta in cui siamo stati a letto insieme, sembra che Laura abbia cambiato... stile, che abbia imparato nuove "mosse", mentre io mi sembro terribilmente uguale a quello di sempre. Ci manca soltanto il fantasma della competizione maschile con Gigi. Mi sarebbe piaciuto avere il tempo di provare a inventarmi qualcosa di stravagante per impressionarla, ma ormai il treno è quasi arrivato al capolinea, battendo le ultime sferragliate prima di trovarci rigirati affaticati, ognuno dalla sua parte del letto a fissare il soffitto. Nessuno dice nulla per un paio di minuti.

«Come ai vecchi tempi eh...» dice Laura interrompendo il silenzio

«In senso buono o cattivo?»

«In senso buono, scemo... perché dovrebbe essere cattivo?»

Non me la sento di affrontare l'argomento "nuove mosse imparate con Gigi".

«Così... per sapere... È passato un bel po' di tempo...»

«Già...»

Ripiombiamo nel silenzio per un altro po' finché il lato codardo che alberga in ogni uomo si rifà vivo con preoccupante puntualità.

«Senti... tu cosa vuoi fare?»

«Adesso?»

«Sì, intendo di questa... cosa... quello che è successo...»

Laura si mette a ridere e si gira dal mio lato guardandomi con immensa dolcezza.

«Non voglio fare proprio un bel niente.»

«Ah... ok... infatti...» mi viene da dire accondiscendente. Salvo poi ripensarci.

«Cioè, come niente?»

«Chris, non posso fare niente. Sto con un altro adesso.»

"Grazie al cazzo! Lo so pure io che stai con un altro, ma non credi che il fatto che siamo finiti a letto insieme possa gettare qualche ombra sulla solidità del vostro rapporto?" avrei voluto dirle. Invece mi limito a pensare a un aggettivo poco gratificante. Un giudizio che non posso permettermi.

«Sì, lo so... ma ci sto pensando da un po'... io e te stavamo bene insieme...»

«Io e te eravamo una bomba insieme... per un po'. Poi è successo qualcosa che tu sicuramente conosci meglio di me. E non è più stato bello come prima. Lo sai.»

Lo so, ma voglio convincerla che davanti a lei c'è una persona nuova, che avrebbe spaccato le montagne per far funzionare le loro vite a patto che fossero insieme. Invece, quasi, è lei ad aver convinto me del contrario, lasciando, a fatica, poco spazio al cuore e ragionando con la freddezza di un chirurgo.

«Laura, io mi sa che ti amo!»

Quando i miei nipoti mi chiederanno se mi ricordo la prima volta che ho pronunciato questa frase, sarò costretto a rivivere questa scena e a rispondergli: "Sì, nipotini cari, mi ricordo. Ero a casa di Laura, e avevamo appena fatto l'amore. Una bellissima giornata apparentemente. Come dite? Vostra nonna non si chiama Laura? Certo, perché la vita, stronza, non va come nei film, dove quando un uomo, a ventisei anni, dice per la prima volta *ti amo* a una donna, gli autori hanno quantomeno il buongusto di far sì che lo dica alla persona giusta. No, cari nipotini, la vita è un'altra cosa... Nella vita, stronza, ti senti rispondere:

«Ti prego... non devi dirlo... perché in questo momento è impossibile!»

Avrei voluto morire lì.

«Ora sto con Gigi, e lui ha fatto tanto per stare con me. Lo sai che non sono una persona facile, e lui...»

«Ok, almeno risparmiami questo. A me non me ne frega

un cazzo di lui. Non voglio sapere cosa fa o cosa non fa. Non voglio essere il tuo confidente...»

Silenzio.

Non so bene se a salvarmi dall'imbarazzo o a farmici sprofondare ancora di più, veniamo interrotti dalla voce di suo padre che ci urla dal salotto.

«Lauraaaa, ci sei? Siamo tornati!»

«Sììì, sono in camera, arrivo...» urla lei in risposta. «Dài, muoviti, vestiti! Su!»

Ed è così che si è interrotto uno dei momenti più belli e confusi, tristi e irrisolti dei miei ultimi mesi. Con la voce del padre di Laura che urla da un'altra stanza.

Ci vestiamo e raggiungiamo i suoi genitori in salotto con la sensazione di chi deve provare a nascondere qualcosa che ha scritto in maiuscolo sulla fronte.

«Salve...» dico io.

«Ciao Christian» mi saluta la madre di Laura stupita di trovarmi lì.

«Christian è passato per le condoglianze...»

«Sì, infatti... Laura mi ha chiamato e mi ha raccontato quello che è successo. Mi spiace molto.»

«Sì, anche a noi. Grazie per essere passato, ci fa molto piacere» continua la signora.

«Laura, io e papà siamo passati a prendere i fiori... sono in macchina, mi dài una mano a portarli dentro?»

«Vuole una mano signora?»

«No, figurati, stai... stai...»

Laura raggiunge sua madre in giardino, lasciandomi da solo con suo padre che mi rivolge la parola per la prima volta invitandomi a sedere.

«Mettiti comodo, mettiti comodo...»

«Grazie, ma sono proprio di passaggio, tra pochi minuti dovrebbe passare un mio amico a prendermi. Anzi... è già in ritardo...»

«No... siediti un attimo.»

L'invito sembra di quelli che non si possono rifiutare e così mi accomodo sulla poltrona di pelle. Siccome le disgrazie non vengono mai sole, mentre mi siedo i jeans strusciano contro la pelle della poltrona, emettendo un rumore troppo simile a un peto per non costringermi a una giustificazione.

«È stata la poltrona eh...»

«Come dici?»

«Il rumore... era della poltrona contro i jeans... così...» e inizio a dimenarmi per riprodurre lo stesso brusio di prima.

«Ma che rumore?»

«Ah... no... niente. Avevo fatto, cioè, la poltrona aveva fatto un rumore strano, ma niente di che. Niente di che.»

«Senti, Christian...» taglia corto lui. «Grazie per essere passato. Ha sofferto molto, sai?»

«Ah, mi spiace... Laura mi ha detto che si è spento senza...»

«Non mio suocero... Laura, ha sofferto molto.»

«Lo so. Lei era molto attaccata a suo nonno...»

«Sto parlando di te. Laura ha sofferto molto per te.»

Ne ho sbagliate due su tre, non male come inizio. Ma il bello deve ancora arrivare.

«Sinceramente...» prosegue lui. «Posso parlare sinceramente?»

«Certo, certo.»

«Sinceramente non ho mai capito il perché. Ma le donne sono strane, sempre attratte da chi le tratta male...»

«Be'. Io non è che...»

«Sono un uomo anch'io, Christian, non fare il furbo con me... ne ho fatte soffrire anch'io di ragazze, ma Laura non deve essere una di queste. Chiaro?»

«Certo, ci mancherebbe.»

«Quando vi siete lasciati per un bel periodo non usciva più di casa, non parlava più con noi... c'era anche un ragazzo che la veniva a trovare ogni tanto, era innamorato di lei da quando andavano alle elementari...»

E questo chi cazzo sarebbe?

«La voleva portare fuori a cena e lei, una sera che lui era

passato a salutarla, gli ha urlato in faccia che doveva rassegnarsi e che non sarebbero mai potuti stare insieme...»

Così si fa Lauretta mia...

«Pensavamo addirittura fosse diventata...»

Sta facendo segnali inclinando la testa, come a indicare qualcuno nell'altra stanza.

«Capisci no...?» Faccio fatica a stargli dietro e non capisco chi ci sia di là, anche perché lui mi ingombra la visuale obbligandomi a sporgermi tutto da un lato.

«Cosa stai guardando?»

«Guardo chi c'è di là...»

«Di là dove?»

«Di là, di là...» rispondo io imitando il suo movimento con la testa.

«Non c'è nessuno di là. È Laura, che pensavamo fosse andata di là...»

Non ce la faccio proprio.

«Mi scusi, di là dove? Non capisco.»

«LESBICA! Lesbica...» dice due volte correggendo decisamente il tono della voce la seconda volta.

Io intanto cerco di non ridere all'idea di "Laura lesbo power" con i jeans larghi, gli anfibi e la camicia di flanella da taglialegna.

«Non usciva più e non voleva più vedere nessun ragazzo... per fortuna poi ha incontrato Gigi. Lui è una brava persona...»

Ahhhh... sì è una brava persona e io sono il diavolo. Però intanto, quando è morto suo suocero, Laura ha chiamato me... Non Gigi!

«Sta a Milano, dovevano andare in vacanza insieme, lui è uno sportivo... Fa...»

Vogliamo aprirgli un fan club?

«Sì! Sì... Lo conosco, lo conosco...»

«Insomma, il punto è che vogliamo tutti molto bene a Laura e lei si merita solo il meglio. Non devi dimenticarlo. È la cosa più bella che ho fatto nella mia vita e non voglio mai più vederla come quando vi siete lasciati. Perlomeno, non per colpa della stessa persona. Non te lo potrei perdonare. È chiaro?»

«Certo, certo ma...»

«Non mi devi spiegazioni. Volevo solo essere chiaro.»

«Papàààà... serve che ci dai una mano anche tu!» la voce di Laura dal giardino mi permette almeno di abbassare lo sguardo che stavo tenendo fisso su suo padre con parecchia fatica ormai.

«Chris, c'è Matteo, è qui fuori. Ha detto che ti aspetta in macchina.»

È arrivata la cavalleria. I rinforzi ci hanno messo un po' ma forse riesco a uscirne salvo.

«Arrivo! Di' intanto alla mamma di iniziare a portare tutto dentro!» poi si gira di nuovo verso di me. «Allora noi siamo a posto?»

«Certo. Certo, a posto. Ancora condoglianze. La saluto.»

Recupero il giubbotto che avevo lasciato sul divano un'ora prima, anche se mi sembrano passati giorni da quando ho messo piede in questa casa, e mi avvicino a Laura in giardino.

«Ti sei dovuto anche sorbire il monito di mio padre?»

«Eh sì.. ma è stato... educativo! Lo sai che pensava tu fossi lesbica?» le chiedo sorridendo.

«Sì, sì! Me lo aveva fatto capire ma non ho mai avuto il coraggio di affrontare la questione» risponde lei, facendo una pausa. «Io lesbica... detto da mio padre poi... Roba da matti. E... tu come stai?»

In quel momento non ci sarebbe stata domanda più difficile.

«Incompleto. Credo che il termine giusto sia incompleto.»

Lei mi abbraccia, senza che io ne capisca l'intenzione, e con uno spirito d'osservazione ai limiti del sadismo mi dice: «Sai che quando fai l'amore, hai gli occhi bellissimi? Si stringono come spilli... Non me lo ricordavo».

«Probabilmente, non era mai successo prima...» le rispondo baciandola sulla fronte, prima di allontanarmi, sentendomi il suo sguardo addosso mentre attraverso il cancello. Salgo in macchina di Matteo con una strana sensazione. Quella di aver forse messo la parola fine, in maniera del tutto inaspettata, a uno dei capitoli ancora aperti della mia vita.

LINDA

Matteo

Stile Liberty

«Sei pronto?»

«Dopo quello che mi è appena successo, sono pronto a tutto. Ma per cosa mi devo sentire pronto?»

«Per Molteno.»

«E chi è 'sto Molteno? In che canzone sta? È un amico di Max Pezzali?»

«Molteno è un paese... Che ti è successo?»

«Lascia perdere.»

«Dimmi, scemo.»

«Ti dico dopo. Che cazzo andiamo a fare a Molteno?»

«Sei nervosello. È la ridente cittadina che ha dato i natali a Lucio Battisti.»

«Quanto ridente?»

«Un bel po'.»

«Cazzo avranno da ridere a Molteno?»

«Caustico. Andiamo a cercare l'attempata Linda.»

«Balla Linda, balla come sai, balla Linda, non fermartiii... Quella lì?»

«Sì, quella lì.»

«Ma sarà vecchissima... e sarà pure morta.»

«E vabbe'... a parte il fatto che se è morto il nonno di Laura non è detto per forza che adesso siano tutti morti. Linda compresa. E poi o è vecchissima o è morta.»

O una o l'altra delle ipotesi.

«Non potrebbe essere morta vecchissima? Cioè morta di vecchiaia vecchiaissima?»

«Potrebbe. Ma abbiamo solo un modo per scoprirlo: controllare di persona.»

«Oddio, siedo a fianco di un empirico. Diciamo che a ben volere, ci sono anche metodi validi nel secondo millennio che non prevedono a tutti i costi il controllo sul campo per sapere una cosa.»

«Tipo?»

«Boh, tipo un grintoso 892424.»

«Mi hai convinto. Chiama.»

«Seee, un attimo... e cosa le chiedo alla Signorina – chessò, Daniela – quando mi risponde: *Ottantanoveventiquattroventiquattro, sono Daniela, in cosa posso esserle utile?* Le chiedo se ha sentito dire in giro se Linda di Molteno è morta, se è vecchia, se ha una frattura all'anca, o se, tutto sommato, è ancora in forma?»

«Io, fossi in te, utilizzerei tutto il tuo charme, tirandola un po' scema chiedendole di fare una ricerca tra le cento case di Molteno; controllando quante signore si chiamano Linda. Fai un po' la finta che non ti ricordi bene il cognome e poi le spari qualche cagata delle tue. Tanto quelle signorine sono lì per questo...»

«Perché non lo fai tu, che sei tanto bravo in 'ste messinscene?»

«Sto guidando.»

«Tiè, eccoti l'auricolare.»

«Eddàii... Fai uno sforzo.»

«Ne ho appena fatto uno. Sono esausto... però uso il tuo cellulare.»

«Rabbino.»

«Ha parlato... dài dammi. Oh, se però risponde davvero una che si chiama Daniela mi alzi cento euro.»

«Se risponde Daniela c'è del magico. Te ne do addirittura centoventi; ma poi mi fai le carte.»

«Vai.»

Chris comincia a digitare. E fa lo scemo muovendo le dita e sfiorando la tastiera del telefono tipo rito magico.

«Eh, pronto, buonasera, CESARA!, piacere; mi chiamo Christian» mi guarda e ride (Cesara proprio non potevamo immaginarcelo...). Avrei una richiesta un po' particolare... Ecco, io starei cercando Linda *Qualcosa* a Molteno, in provincia di Lecco.»

«...»

«No, *qualcosa* è per dire, è chiaro che il cognome non è *Qualcosa*... Cioè, a dirle il vero, il cognome non lo so. Tipo Battisti, forse...»

«Battisti???!!! Ma sei scemo? Non potrà mai essere Battisti. Pirla.. ma come ti viene? Ma stai proprio sfidando il calcolo delle probabilità... Ma ti pare che Linda si chiami con lo stesso cognome di Lucio? Guarda che mica sono sposati...» esplodo io, ad alta voce, mentre Chris mi fa cenno di stare zitto con fare infastidito come se dall'altra parte del telefono avesse trovato una che, invece, era lì lì per dare una svolta alla vicenda.

Cesara sembra aver preso a cuore la nostra causa e tiene al telefono Chris qualche minuto come se, effettivamente, dopo una ricerca speciale, di quelle che solo i raccomandati si possono permettere, fosse in grado di recuperare un che di utile per noi.

A Molteno esistono due Linda: o perlomeno due signore Linda a cui è intestato un numero di telefono.

Linda Marelli, la prima.

Linda Castiglioni, la seconda.

Ma la Castiglioni fa l'estetista. E pare strano che Linda di *Balla Linda* faccia le unghie e la ceretta alle ragazze del paese.

Non si tratta proprio di sesto senso, il nostro, ma più di intuito giornalistico... ormai siamo entrati nella parte.

«Linda Marelli!» mi chiede di segnare Christian, mentre sto guidando e mentre tengo il volante fermo con le ginocchia, su uno scontrino, numero di telefono e indirizzo.

Rischio di uscire di strada quando, poco dopo, Cesara avvisa che arriverà in automatico un SMS con le preziose coordinate.

«Lo sai che io la Cesara Buonamici, quella del TG5 me la farei?» mi dice Christian dopo aver riagganciato in un turbinio di libere associazioni mentali...

«A dirla tutta, anch'io» rispondo.

Siamo d'accordo su questa piccola e innocua perversione.

«Mi racconti adesso che è successo con Laura?»

«Se dopo non mi giudichi e non mi fai il pezzo.»

«Promesso, mi tengo il pezzo. Anche se te la sei scopata di nuovo nella stanza a fianco del caro estinto.»

«Come lo sai? Intuito femminile?»

«Avanti, hai tempo due ore per sfogarti.»

Ecco, questa è Molteno. Un paese di tremila anime. In provincia di Lecco.

Linda dovrebbe vivere qui e questa dev'essere casa sua. Via dei Gracchi 5.

Linda l'ho sempre immaginata come una donna a cui voler bene, una donna speciale, ma messa in panchina.

«Ah, mi scusi, salve, non c'è la signora?»

«Non so se la signora è in casa. Io sono il Sergio, il giardiniere.»

(Con un accento tanto brianzolo da far rabbrividire anche la più anziana prestinaia di Arcore.)

«Capisco. Potrebbe farci entrare?»

«Se vi faccio entrare mi promettete che non mi calpestate l'aiuola di sinistra?»

«Le do la mia parola d'onore.»

«Ecco prego, passate di là, dall'aiuola destra, attenti che ho appena potato il ciliegio. Luminoso, eh?»

«Un vero figlio dell'immensità. Direi. Andiamo per di qua?»

«Certo, suonate, arrivederci... ah ecco tenete un bel fiore per ricordo.»

«Grazie, gentilissimo.»

La lista di personaggi bizzarri incontrati negli ultimi quattro giorni iniziava a diventare veramente lunga.

«Sembra un po' scosso il tipo... no?»

«Sembra uno che non è mai uscito dal suo giardino. Però è uno di quei *presi bene* che fanno il loro lavoro credendoci un casino.»

«Che figata di casa... Che è, stile Liberty?»

«Per i vaghi ricordi che ho di educazione artistica mi pare di sì.»

Chris fa *rughetta.* Che nel nostro gergo sta a significare quando uno fa la faccia impegnata e sta per dire qualcosa di sostanziale e decisivo...

«Mmh... Sì, sì, è stile Liberty. Te lo dico io. Si capisce dai gradini.»

«Mi hai convinto Chris, è troppo stile Liberty... Si capisce dai gradini.»

I gradini erano normalissimi blocchi di cemento con una lastra di marmo vecchia su ognuno; ma mi sono lasciato conquistare dalla sua sicurezza.

Odore di torta di mele da paura.

«Lo senti?»

«Lo sento.»

«Permesso, signora... signora Linda?»

«Sì? Chi mi desidera?»

«Oh, signora...» (Non uso e nemmeno penso mai all'aggettivo *graziosa*, ma guardandola, questa è la prima parola che mi viene in mente.)

«Mi scusi se siamo entrati nel suo giardino senza avvisarla ma volevamo incontrarla. Lei è la signora Linda? Linda di *Balla Linda*?»

«Oh, oh, ma che carini a venire a trovarmi, e questo fiore è per me?»

«Ma veramente...»

«Oh, ma che tesori, venite che vi offro il tè con una fetta di torta.

«Accomodatevi vi faccio strada, scusate il disordine ma

non ricevo molto spesso visite...» ci dice lei, anche se dalla naturalezza con la quale ci ha accolto sembrava fosse abituata a essere un pezzo in esposizione di un museo.

Alle pareti di quella casa disordinata quanto basta perché l'occhio si continui a perdere in una serie infinita di dettagli e di particolari, tante foto appese di Battisti in epoche e capigliature diverse.

Alcune di queste ritraggono anche Linda in compagnia di Lucio.

Avranno avuto sì e no venticinque anni. Guardano l'obiettivo sorridenti e complici. Linda in tutte le foto appare una ragazza non particolarmente bella, divertita e serena.

Oggi, a guardarla in faccia, è una donna anziana decisamente più affascinante di quanto non lo sia nelle sue immagini di gioventù e sembra essere una signora che ha vissuto più di una volta.

«Sedetevi pure dove volete, come vi chiamate ragazzi?»

«Siamo Matteo e Christian.»

«Siete qui per sapere di "lui", vero...?»

Non aspetta nemmeno la nostra risposta e si rivolge subito a Christian.

«Uh, tu devi essere sicuramente un artista, ma lo sai che gli assomigli anche un po'? Fatti vedere, ricciolino, timido... ma passionale, vero?»

Guardo Chris e poi decido di voltare subito lo sguardo perché sto per scoppiare a ridergli in faccia, ma ciò che sarebbe più grave, anche in faccia a Linda.

Ma se lui continua a fare il cretino – perché io lo vedo con la coda dell'occhio che fa il cretino e fa le smorfie da cretino "passionale" – io non so per quanto riuscirò a trattenermi.

Di certo è che una definizione così poco azzeccata di Christian non l'avevo mai sentita.

Ricciolino: sta a dimostrare che Linda o è totalmente cieca o totalmente svarionata. Chris ha i capelli cortissimi, e comunque lisci. E, sul *timido ma passionale,* avrei da sollevare qualche dubbio. A me sembra che non sia né l'una né l'altra cosa.

«Ma veramente non saprei, sì, credo di essere passionale... di certo ho una grande passione... che non so se voglia dire la stessa cosa» se la cava Chris.

«Comunque sì, siamo qui per sapere di lui, ma soprattutto di lei, signora Linda.»

Se la ri-cava Christian.

«Tu sei bello, bello, bello.»

E gli manda un bacino soffiandosi sul palmo della mano. Tutta leziosa e vanitosa...

Io, incredulo.

«E dov'è la tua fidanzata? Non è gelosa che tu sia venuto qui da solo?»

Ommioddio, siamo al degenero. Gelosa?

Ammesso e non concesso che Chris abbia una fidanzata e che per giunta sia gelosa; ma di chi dovrebbe esserlo? della ultrasessantenne Linda?

Decido di intervenire: «Ma come da solo, signora Linda, Christian è qui con me. Cioè ci sarei anche io...».

Cerco di affermare la mia presenza.

Mi sento un po' il terzo incomodo. Ma mi diverte un sacco l'audacia della nonnina.

Voglio vedere fin dove arriva.

Il suo primo passo verso l'apice della sfrontatezza lo fa non cagandomi affatto.

Non mi risponde. Io non le piaccio; è ufficiale. Ha occhi solo per Chris.

Ora sono geloso io.

«Ah, povero Lucio, veniva qui solo quando era ferito per amore, era qui un giorno sì, e l'altro mi telefonava da qualche parte del mondo per dirmi: "Linda, fiore mio, sto tanto male, senti questa melodia, ti piace?".

«Ma io non sono assolutamente una musicista, oddio, questa chitarra me la regalò il Giulio (ops, scusate, il Mogol), e non la so suonare, ma Lucio era convinto che io avessi un talento artistico, anzi voleva addirittura farmi cantare...»

Poi si distrae di nuovo...

«Ti piace la torta, ma prendi una fetta più grossa, come sei magro, non starai mica soffrendo per amore?»

«Ussignur non me ne parli...» le risponde Chris, esagerando come al suo solito.

Se lo conosco (e lo conosco), è partito anche lui con la sfida e vuole vedere fin dove riesce a portare la vecchia in questo siparietto surreale.

E Linda: «Oh mamma, ma venite tutti qui! ma qui non è l'ospedale dei cuori infranti... ma cucciolo santo, cosa ti è successo?»

«Guardi, signora, una storia lunga... Faccio quasi fatica a parlarne...»

Ma incalza subito Linda che gli evita pure lo sforzo di fantasia del doversi inventare la barza della ferita sentimentale: «Intanto, prima di tutto, piccolo mio, mi devi dare del "tu", e poi, scusami, scusami tanto, non volevo farti rattristare, vieni qui sulla veranda che si vede il lago, dài su... su... Non posso credere che la tua morosa ti abbia lasciato per sempre. Secondo me ti ha lasciato solo per vedere se tu la ami veramente. In amor vince chi fugge, devi essere forte. Ecco soffiati il naso...»

«Niente, è completamente matta e perdutamente innamorata di te.» Sussurro all'orecchio di Chris facendo attenzione che Linda non mi veda. «Ma tu, *demonio-dentro*, che le stai facendo credere? Dài, non essere così impietoso. Non darle false speranze...»

«Mi scusi signora, la ferita è ancora così aperta che il solo pensiero mi strugge. E persone sensibili come lei possono, con le loro parole dolci, rendere più lieve il mio dolore.»

(Ehhh? *Mi strugge??? Rendere più lieve il mio dolore???* È posseduto.)

E continua: «Mi scusi ancora, un uomo non dovrebbe mai mostrarsi ferito davanti a una donna. In particolare davanti a una lady elegante come lei...».

«Oh, per carità!» lo tranquillizza Linda. «Guarda che non saresti stato il primo uomo che vedevo piangere! Mi ricordo quella notte che venne Lucio, aveva gli occhi gonfi e teneva in mano la lettera di quell'Anna di cui si innamorò disperatamente. Veramente un'arpia. E Lucio quella notte voleva bere, ballare, distrarsi e andammo in balera.

«Ah, ah, quanti ricordi. Dovevamo essere ridicoli. Né io né lui sapevamo ballare, ma ci scatenammo come diavoli. Proprio due diavolacci. Tornammo a casa all'alba, lui si sedette sotto quell'albero, si mise là sotto e scrisse *Balla Linda*. Lo trovai il giorno dopo addormentato sulla chitarra. Com'era carino!»

Squilla il telefonino di Linda. Uno di quei primi Nokia di metà anni Novanta.

«Scusatemi. "Pronto, oh ciao carissima"» e rivolgendosi a bassa voce a Christian, naturalmente «è la Agata. Ma qui, tutti la chiamano *la gatta*. E lei si offende moltissimo. "Carissima come stai, come va? Sei guarita? Ma vieni a trovarmi, sono qui con un ospite. Curiosa eh? Sì, si chiama Christian. È qui col suo amico Matteo. È un fan del Lucio. Ti piacerà. No, purtroppo non suona, ma soffre comunque. Ti aspetto."»

Niente; sono completamente invisibile. Relegato al ruolo di amico inutile.

Christian: «Signora vuole che torniamo in un altro momento? Preferisce restare un po' da sola con la sua amica Agata? Magari la disturbiamo».

«Ma stai scherzando? Devi rimanere almeno fino a cena. Anche tu se vuoi...» rivolgendosi a me, con un certo sforzo...

«Vieni qui» naturalmente sposta la sua attenzione su Christian «sfoglia con me questo album, quanta polvere... ah, che bello, qui eravamo a Capri, io Lucio e la Patty Pravo, com'era antipatica quella lì, proprio una presuntuosa, ah e lei la riconosci? Lei è la Mina, davvero una grande artista, una persona semplice, bella. Forse è per questo che andava così d'accordo con Lucio. Anche lui era così. Oh, adesso viene da piangere anche a me, povero Lucio se n'è andato così presto...»

«La prego, signora Linda, non si lasci sopraffare dalla malinconia...»

Chris si gira e mi fa l'occhiolino tutto contento, io queste frasi le vorrei registrare e fargliele riascoltare in macchina... e prenderlo per il culo all'infinito.

Ma mentre Linda rivela, effettivamente, un filo di malinconia, parlando e sfogliando le foto, con Chris che si prodiga nel far finta di restare concentrato, le ore di quel pomeriggio passano dolcemente e si avverte davvero, in quel profumo di fiori e in quella luce riflessa del lago, la sensazione precisa che il tempo si sia fermato.

Suonano alla porta.

«Signora, stanno suonando alla porta...» azzardo io, visto che oramai il grado di intesa tra i due era talmente alto da isolarli completamente dalla realtà...

«Oh, caro, non è la porta, è il citofono. Deve essere la Agata, puoi aprire tu?»

Dài, un piccolo passo avanti... mi ha chiamato *caro*. Le cose guadagnate col sudore sono sempre le migliori...

«Certamente. Pronto, signora Agata, vuole che venga a prenderla? Viene da sola? Benissimo.»

Linda: «Agata».

Agata: «Linda!».

Pare di stare in uno di quei video in bianco e nero recuperato dalle teche della RAI... Quelli che rispuntano nelle repliche notturne dei palinsesti estivi...

Naturalmente io trasparente anche per la Gatta. Una congiura. Nemmeno un salutino. Dio le fa. Poi le accoppia.

Linda distoglie per un attimo lo sguardo dal suo pupillo.

«Sei bellissima sembri una diva, oh ma ti sei messa quel vestito rosso. Quello che piace a me. Stai benissimo! Questo è Cristiano. Và che bello...»

«Christian» dice Christian.

Io alzo il dito medio di nascosto verso di lui. Piccola vendetta personale. Tiè... ha sbagliato il nome del suo preferito.

E Agata: «Piacere Christian. Ma che bel ragazzo! Spero tanto che questa vecchia non ti abbia rintronato troppo...».

Intervengo in scivolata, mi noteranno: «Veramente abbiamo passato un pomeriggio piacevolissimo».

«Come sono educati... Hai visto? Quindi Linda, gli stavi raccontando del Lucio come al tuo solito? Sapete, Lucio di qua e Lucio di là... e Lucio che veniva qui ad asciugarsi le lacrime... e Lucio il mio caro amico... e se il Lucio non avesse avuto me... Uhhhh!!! Proprio perché sono educati ti stavano sopportando. Ma quando volete venire a farvi una bella mangiata di lasagne, e non pensare a niente, venite da me, ragazzi, la prossima volta. Io abito in quella casa laggiù...»

Incredibile, non riesco a prendermi un merito mio, che sia solo mio... oggi non è la mia giornata. Però almeno nonna Agata ha intuito che esisto anche io e almeno parla al plurale.

«Oh, Agata cara, magari questo non interessa per niente al nostro Christian...»

Vabbe', Linda, allora con tutto il rispetto per Linda di *Balla Linda* e per una signora anziana, però vaffanculo.

Chris è come se mi avesse letto nel pensiero e scoppia a ridere come un demente. Poi, leccaculo fino all'inverosimile, prosegue da secchioncino *primodellaclasse*: «Signora Linda, ogni racconto è prezioso per il mio viaggio...».

(IL "MIO" VIAGGIO???!!! NOOOO, VABBE', QUESTA TE LA FACCIO PAGARE BRUTTO BASTARDO...) Penso in maiuscolo ma taccio... tanto oramai la mia sconfitta sul fronte della leadership è schiacciante.

Agata: «Oh ma che bravo, hai sentito cara Linda?».

«Ma certo! E non è un caso che sia passato prima qui a conoscere me!»

«Ah, ma come siamo diventate vanitose con gli anni...»

«Io? Vanitosa io? Ma scherzi? Hai visto, piuttosto la moglie del sindaco, com'era vestita alla serata di beneficenza dell'altra sera? Sembrava un salamino barocco!»

«Oh sì, sì sembrava proprio. Vero! Un salamino. Orrenda. Uh uh.»

Le due nonne ridono di gusto ma composte.

Linda è totalmente in preda all'entusiasmo e se la ghigna di brutto: «Oh non farmi ridere, cara, che mi sale la pressione, aspetta che prendo il ventaglio. Christian, per favore il ventaglio è lì sul comò, mi faresti la cortesia...»

«Certamente. Prima però credo che il momento vada celebrato con una bella foto di gruppo, se vi va...»

«Ah be'... Non saprei... è che mi prendi così alla sprovvista, non vorrei rovinare l'immagine...»

«Ma no, signora Linda, lei è un fiore...» aggiungo. Mi gioco anche io la carta del lecchino. A mali estremi...

«Infatti Linda, e poi con questa macchina nessuno può venire male...» continua Chris estraendo dalla tasca dei pantaloni una camera digitale della Sony.

«E questa cosa sarebbe?» mi viene da chiedere

«È una macchina fotografica. Serve a fare le foto. Le hanno inventate parecchio tempo fa, ma questa è un modello nuovo...»

«Intendo dire, da dove esce?»

«Ce l'ho dall'inizio del viaggio» mi confida, girandosi poi verso le due cariatidi e alzando notevolmente il tono della voce. «È che non avevo ancora trovato un soggetto che meritasse la mia attenzione...»

«Te l'avevo detto, Agata, che è un gentiluomo..» si compiace Linda, caduta evidentemente nella trappola tesa dal mio socio.

«Tu andrai all'inferno, lo sai vero?»

«Immagino di sì...» ammette lui.

«Christian...» ci interrompe la Gatta «non sapevo fossi anche fotografo.»

«Sì, diciamo che mi diletto, ma niente di serio...» questo improvviso slancio di modestia non gli si addice in questa giornata... «sono l'inventore e il fondatore di una corrente fotografica ben precisa, a dire il vero...» Ahhhh ecco, molto meglio... mentre sistema l'inquadratura.

Le due sfingi lacustri non credono ai loro occhi. Io non credo alle mie orecchie. Christian sta alla fotografia come una modella russa a un piatto di trippa. Sto levando la rete di protezione da sotto al culo di Christian.

«Questa non la sapevo nemmeno io... e di che corrente si tratterebbe?»

«Ehhm... si tratta del... farlocchismo! Ne avete mai sentito parlare?»

«Sìììi... sììì... se ci penso bene, deve avermene parlato la nipote del giardiniere un giorno che è passata di qua... è una ragazza colta sapete?»

«La tua fama ti precede, Helmut Newton... e vuoi spiegare meglio alle nostre amiche quali sono i dogmi fondamentali su cui poggia tale corrente?»

«Sì, Christian, dicci...»

«Be'... si basa tutto... sull'idea del farlocco... come dice il nome stesso... giusto?»

«Ah, non lo so, amico caro... sei tu il fotografo...»

«Sì, il farlocco... cioè, ho pensato che le foto più belle sono quelle rubate in un momento bello, spensierato, spontaneo, non quelle in posa, da gita delle medie con le facce inebetite... ma quando si è in giro, in vacanza, in viaggio o comunque in compagnia, l'unico modo per avere delle belle foto rubate, che testimonino i momenti migliori da ricordare, sarebbe quello di avere un fotografo a disposizione ventiquattr'ore su ventiquattro... e qui entra in gioco il farlocchismo!»

Forse non andrà all'inferno. Forse ne ha già le chiavi.

«Quando si crea l'atmosfera giusta ci si mette tutti in posa: bocca aperta, occhi stretti stretti, una mano sulla pancia e una che batte sul tavolo, ma bisogna essere bravi, sembrare naturali, non esagerare... altrimenti diventa iperfarlocchismo e non va più bene! Tutti immobili ma simulando una risatona da mal di pancia, si resta fermi, fermissimi, così un attimo, e... clic! Farlocchismo! A distanza di un anno nessuno si ricorderà più di essersi messo in posa e sembrerà di avere delle "foto di divertimento originale" e tutti diranno: uh! Mamma mia come mi sono divertito quel giorno... guarda come eravamo felici. Ovviamente c'è un codice d'onore nel farlocchismo. Le emozioni si simulano fisicamente ma nell'animo... be', nell'animo devono essere reali.»

E finisce così la sua spiegazione, con il sospiro di un attore che attende applausi scroscianti dalla platea. Sipario! Gli applausi non si fanno attendere dalla frangia più appassita del suo pubblico, e il Merda, si gira immediatamente verso di me per prendersi anche l'ultimo brandello della mia pazienza.

«Su! Dài proviamo... dài Matteo mettiti tra loro due... faccia felice... mi raccomando!»

«Vai tu... vai tu... scatto io...»

«Eh no!... sono io il fotografo. Il farlocchismo deve essere eseguito con prudenza!»

«Sì, dài, Matteo siediti tra di noi, ma allegro eh... stiamo per finire in un'opera d'arte...»

Mi siedo tra Linda e Agata mentre Christian impartisce ordini a destra e a manca, questa mano più su, quella mano più giù, sguardo verso destra, più intenzione a sinistra... dammi più intensità, non fissare l'obiettivo, fammi sentire l'energia, Linda sei uno schianto, Agata, mi fai impazzire, Matteo sembri morto, più aria in testa, cazza la randa, molla il tangone... e via di questo passo. Dopo cinque minuti buoni di delirio fotografico l'opera è completa. Una foto mediocre di due vecchie con i lineamenti incartapecoriti che fanno finta di divertirsi e la mia sagoma tendente al basso, totalmente posseduta dal demone dell'odio. Anche se devo ammettere che, rivista tra un paio d'ore, mi farà molto ridere. Prendo la macchina e scatto una foto di Chris, giusto per ricordargli tra un'ora quanto è coglione. Niente farlocchismo... realismo. Ovviamente, nel frattempo, la vanità e la competizione femminile non hanno età.

«Linda cara, ti senti poco bene? Ti vedo un po' pallidina... Sei sicura di star bene?» non perde occasione la Gatta per stuzzicare l'amica.

«Ma cara Agata, non sono mai stata meglio di così, piuttosto devo farti provare il nuovo olio della Nivea. Eccezionale per la "nostra" pelle...»

«Mmh... Ah, ma noi stiamo qui a parlare, quando tu non sai ancora niente...»

«Di che cosa, tesoro mio?»

«Domenica prossima. Ci sarà un tè estivo e un rinfresco nella veranda di casa mia, non puoi assolutamente mancare!

«Ma che idea deliziosa, speriamo che il tempo non faccia il matto come al solito...»

All'improvviso le due signore bene si scordano totalmente della nostra presenza (vabbe', sulla mia, manco a dirsi, ma adesso anche l'artista *Cristiano* è totalmente ignorato) e proseguono imperterrite in una chiacchiera selvaggia e vezzosa tra di loro.

Siamo lontani qualche decina di chilometri dalla nostra città, ma migliaia di giorni dalle nostre vite reali. Catapultati come in un buffo sogno confuso e indecifrabile, come solo certi sogni sanno essere; a sentir parlare, come spettatori presi in prestito, di Lucio Battisti e di oli essenziali da due anziane signore sempre in bilico tra il bisticcio e la nostalgia di tempi andati.

Ma per restare in bilico, quasi sempre, serve un talento. A me pare di averlo individuato nell'impareggiabile ironia delle due dame.

A loro agio, tanto in una canzone di quarant'anni fa, quanto nei loro contemporanei e strampalati discorsi da giardino.

Christian ha pure smesso di cercare il ventaglio. Linda si è pure scordata di averglielo chiesto.

Il commiato è stato decisamente understatment rispetto all'enfasi delle presentazioni. In sintesi: le signore hanno continuato a farsi gli affari loro e noi educatamente, ma senza troppe riverenze ci siamo defilati. Il tutto a dimostrare che il nostro ruolo di passatempo e di diversivo per le sciure si stava lentamente esaurendo. Manco fossimo due badanti a ore.

Chris si avvicina alla Clio continuando a scanalare sulle foto salvate nella camera e ridendo da solo. Io rido perché è talmente concentrato sulle immagini delle vecchie in posa farlocca che inciampa in uno dei gradini stile liberty e caccia una bestemmia *colorata*...

Non è da lui. Per questo rido. Dev'essersi fatto davvero

male alla caviglia, ma lo salva l'orgoglio e il pudore machista. Fa finta di niente; ma zoppica. Trattasi di farlocchismo anche questo?

«Oh.»

«Che c'è?» mi chiede dissimulando l'atroce dolore con un sorrisino ebete per evitare una mia accanita presa per il culo.

«Ma, 'sta domanda che è vecchia quanto è vecchio Francesco Alberoni e le sue vecchie domande...»

«Primo; non so chi sia Alberoni, secondo non è il momento di fare domande, puttana la Eva... mi sono fatto un male maiale...» e con questa interruzione mi costringe a ritardare la mia annosa questione che poi è la seguente: «Ma ci sta, secondo te, che un uomo e una donna possano essere davvero amici?».

«Sei in fase riassuntiva? Vuoi la morale da scrivere sull'articolo così il Viviani non possa pentirsi di averci mandato a stanare le cere della musica italiana?... Cristo che male...»

«Eh, dimmi, ci sta?»

«Vuoi la verità?»

«Sì, mio sommo Vate. La voglio.»

«In genere no. Nello specifico, tra un uomo bello e una donna brutta o viceversa tra una donna bella e un uomo brutto, di solito si fa finta che esista anche se, in realtà, uno dei due, statisticamente parlando il cesso della coppia, ci soffre. Tra un finocchio e una donna, bella o brutta, sì. Ma non sarebbero amici miei perché continuerebbero a dire "amooore... adoooro..." e la situazione sarebbe insopportabile. Tra una donna e un uomo tutti e due belli, no. Prima o poi finirebbero a letto insieme e se la storia non dovesse funzionare, dopo l'iniziale eccitamento dovuto all'amore galeotto, subentrerebbe l'imbarazzo e i due non riuscirebbero più nemmeno a stare nella stessa stanza insieme. Uomo e donna entrambi brutti... questa è difficile, non saprei, dipende dai soldi.»

«Caspita, che ipersensibilismo che sfoderi...»

«Oh, volevi la verità? Me l'hai chiesta, eccotela. Perché, secondo te?»

«Io credo che sia possibile.»

«Eh, te pareva.»

«Con questo che vuoi dire che sono bello o che sono finocchio?»

«Vedi te. Scusa chi era, poi quel tale Alberoni? Perché si fa tutte 'ste domande?»

Christian

Dimmi basta

Per capire da quanto tempo eravamo in viaggio, non posso fare a meno di consultare il calendario, perché a mente avrei detto da circa un anno. In realtà erano solo 96 ore. Ora più ora meno. Quattro giorni appena.

L'incontro decisamente surreale con le due carampane battistiane ci aveva riportato, geograficamente parlando, vicini al nostro punto di partenza. Non sapevo cosa avesse in mente Matteo, che era senza dubbio la parte produttivamente più organizzata della nostra missione, ma passare da Milano avrebbe allentato non di poco la nostra presa sull'intero viaggio. Un po' come quando prima di una serata tra amici dici "passo un attimo da casa, mi lavo, faccio un pisolo e poi vi raggiungo". Ti vengono a recuperare dal letargo la mattina dopo. Cento per cento.

Risparmiare i soldi di una notte in albergo, e dormire nel mio letto, d'altro canto, erano variabili da tenere in considerazione.

«Tappa milanese o hai già programmato la prossima destinazione?»

«Bravo, volevo giusto parlarti di questo. Stasera, sarei invitato a una festa di compleanno. Ci prendiamo una pausa dal viaggio, festeggiamo e ripartiamo domani con calma nel pomeriggio?»

«Boh, si può fare... Di chi è la festa?»
«Della mia amica Lucia, non so se te l'ho mai presentata. Lavora al giornale con me.»
«La nana?»
«Ok, te l'ho presentata. Ti va?»
«Ma sì, passiamo da casa o andiamo direttamente là?»
«Dipende, se vuoi passare a lavarti e fare un pisolo...»
«Direi di andare direttamente là.»
«Ok.»

Milano d'estate è una delle città più tristi e vuote dell'intero pianeta, e chi ci rimane deve avere motivazioni più che valide.

Lucia, l'amica di Matteo, è rimasta perché il suo consolidato gruppo vacanze, quest'anno, ha bigiato la consueta e rassicurante "15 giorni sul Gargano" per concedersi una più esotica e imprevedibile "9 giorni-7 notti a Cuba", e il suo gatto, Melchiorre, soffre l'aereo. Di lasciarlo in una pensione per animali, manco se ne parla, in più deve stringere anche un po' la cinghia, essendosi appena trasferita, non senza spese, nella nuova casetta. Quindi eccola qua a festeggiare il suo trentacinquesimo compleanno al quartiere Isola, insieme a un manipolo, incredibilmente numeroso, di altri casi umani relegati nella città della Madunina versione *on the beach*.

Io e Matteo arriviamo per le otto e mezzo, quasi per primi, dimenticandoci tra l'altro dell'usanza, mai passata di moda, di presentarsi a una festa di compleanno con almeno un *pensierino*. È vero che gli ultimi giorni sono stati parecchio impegnativi, e la decisione di prendere parte alle celebrazioni è stata improvvisa, ma potevamo fare il gesto e comprare qualcosa in Autogrill. Tipo un paio di tergicristalli di ricambio, o uno scaldasse in lana merino, o la confezione di Nutella gigante che tutti pensano sia un regalo originalissimo, un CD in offerta a 4 euro e 90 con il verybest di Pino Daniele o la videocassetta dei migliori gol di Maradona a Napoli.

Avremmo fatto un'ottima figura. Invece, niente, completamente a mani vuote, ma pronti a svaligiare il frigo.

I primi dieci minuti, mentre la casa si riempie lentamente di invitati, sono tutti all'insegna dei convenevoli: "Ciao Lucia, auguri Lucia, non li dimostri Lucia, che bella casa, comprata o affitto? Certo che ci sono dei prezzi in giro... posso lasciare la giacca qua? Un bicchiere di vino? Sono a stomaco vuoto ma se posso servirmi al buffet lo accetto volentieri" e cose del genere.

Non conoscevo, a differenza di Matteo, nessun altro tra gli invitati e mentre lui stava chiacchierando con un tizio con i baffi e gli occhialini tondi che assomigliava tantissimo a quell'attore... che fastidio quando non ti vengono in mente i nomi... quello con i baffetti e gli occhialini anche lui, che non si vede in giro da una vita.

Ecco, mentre Matteo parlava con 'sto qua io mi avvicino a un gruppo di sette ragazze/donne sedute sul divano che stanno discutendo di libri di cui non ho mai sentito parlare. A quanto pare, alla ragazza mora di fianco a me, quel libro in questione, ha proprio cambiato la vita. Nessuna mi aveva minimamente preso in considerazione, perciò mi limitavo ad ascoltare i loro discorsi, peraltro abbastanza noiosi, attingendo dal mio piattino di salatini e attendendo come un falco il momento giusto per l'entrata trionfale. A tenere banco nel "circolo del libro" è sempre la mora di fianco a me.

«Bla bla bla di qua... bla bla bla di là... e adesso sto leggendo *Il cacciatore di aquiloni*, cioè ho pianto di brutto... cioè dovete leggerlo anche voi, cioè cioè cioè, va a toccare delle corde che in questo momento, evidentemente avevo scoperte... cioè, non pensate che leggere sia bello come fare l'amore?»

«Oh... E a volte costa anche meno!» eccomi qui donne: the king of sagacia.

Quattro su sette hanno riso. La mora di fianco a me, ovviamente, non è tra queste.

«Ciao, cioè, scusa, tu saresti?» mi chiede sdegnata.

«Ciao, Christian, scusa non ci siamo presentati, piacere...»

«Sì, piacere, ma qui stavamo parlando seriamente... di libri...» tutta antipatica, come se la discussione non dovesse riguardare uno zoticone come me.

«È incredibile come per la maggior parte della gente, l'intelletto sia una macchina così pesante da mettere in moto...» rispondo io mentre nelle mie orecchie risuonavano squilli di trombe trionfali.

«Scusa?»

«Voglio dire... pensare cose intelligenti deve essere veramente pesante per alcuni, se ogni qual volta ci provano perdono il buon umore e si fanno *seri*...» beccati questo stronzetta. No sai più cosa dire eh? Cosa rispondi adesso? Dài, dài, ti aspetto!»

«Sì vabbe', lasciamo perdere... vado a prendere del vino, voi venite?»

Sì, vai vai, con la coda tra le gambe... tu e le tue amichette

«Non volevo offendere nessuno, sia chiaro, era un confronto...» Dio, quanto so essere insopportabile.

«Infatti mica mi sono offesa, cioè, figurati se mi faccio offendere così, vado a prendere del vino perché ho sete.»

«Giusto.» Certo, certo come no...

Rimango sul divano mentre il gruppo di Sex & the City si alza e mi scansa come se avessi la lebbra. Restano solo una tale Chiara e una tale Paola.

«Sai, ho sempre pensato anch'io che bisogna prendere le cose con la giusta leggerezza, senza fare troppo i seriosi, no?»

«Sì, sì, credo di sì...» abbozzo io, non troppo convinto, prima di vuotare il sacco. «Volete sapere un segreto?»

«Spara!»

«Lucia io la conosco appena, è amica di Matteo, quel ragazzo là in fondo che sta parlando col tipo con gli occhiali, vedi?»

«Quello che sembra Nichetti?»

«Cazzo sì, ecco chi era! L'ho pensato anch'io, ma non mi veniva... è uguale eh... a 'sto punto, magari è lui per davvero... comunque dicevo, io e Matteo arriviamo direttamente da Como e la storia sulla serietà, l'intelletto umano eccetera

eccetera l'ho letta su un libretto in Autogrill mentre aspettavo che Matteo facesse la pipì.

«Credo sia un pensiero di Nietzsche. Tutto qua.»

«Be', comunque te la sei cavata egregiamente!» mi dice Chiara sorridendo.

«Ma, le vostre amiche non si saranno mica offese?»

«Chi? Loro? Ma noo... e poi se lo meritano. A volte sono così supponenti. E poi a noi sei stato simpatico.»

«Ah, ok... meno male... quindi, Paola, Chiara... Amici come prima?» Sono schiavo della battuta... non ho potuto proprio resistere. Per fortuna anche loro hanno riso.

«Paolaaaaa, tocca a te!» urla qualcuno da un'altra stanza.

«Arrivoooo!» risponde lei. «Vado a scoprire che sarà di me! A dopo.»

Si alza e se ne va, lasciandomi solo con Chiara che, a giudicare da come mi guarda, non aspetta altro che io chieda spiegazioni. Non tardo.

«Dov'è che va?»

«Lucia ha un amico cartomante, Davide, che è la grande attrazione della serata. Se vuoi basta mettersi in coda e incrociare le dita per il tuo futuro.»

«Perché, ci prende?»

«Non lo so, è la prima volta che lo vedo, so solo che la Lucia, che è stata la prima a sottoporsi alla lettura, è uscita traumatizzata.»

«Ah, ok. Allora è meglio che io mi ci tenga alla larga... scusami, vado a saccheggiare il tagliere dei formaggi.»

Non mi sono mai fatto fare le carte in vita mia. Un po' perché mi sembra una cazzata, un po' perché non mi sembra sufficientemente una cazzata da non averne paura. Parliamoci chiaro, sono suggestionabile.

Se il cartomante Davide intuisse che un re capovolto, sommato a un paggio di corte ubriaco, fosse il segno inequivocabile della mia morte nel giro di tre anni, be', sarebbe un bel casino. Non ci crederei abbastanza da godermi i miei "ultimi" tre anni allo sfascio, ma nemmeno riuscirei a fare finta di niente, e passerei le giornate con l'ansia di un vaso di fiori che mi cada in testa mentre passeggio.

Quando si parla di magia, o ci credi fortemente, o devi essere assolutamente convinto che sia una cazzata. La via di mezzo, la via del timore, può essere devastante.

E mi sa che io sto proprio lì.

Raggiungo la festeggiata nei pressi del frigo, mentre sta cercando di infilare due Heineken da 66 nel freezer.

«Vuoi una mano?»

«No, grazie. Anzi sì! Tra una mezz'ora mi ricordi che ho messo due birre in freezer?»

Non me ne ricorderò mai.

«Sì, sì! Tranquilla te lo ricordo io. Senti... ma com'è il tuo amico fattucchiere?»

«Chi Davide? Un figlio di puttana, sono incazzata nera.»

«Che gli hai chiesto?»

«Ma che cazzo ne so, così in generale del mio ex... mi ha detto che scopa con un'altra!»

«Vabbe', pensavi fosse entrato in convento?»

«Ma no! Ma no! Però è il mio compleanno, cerca di tirarmi su il morale cazzo!»

«Hai una pelle bellissima sai? Senza una ruga... incantevole» le dico senza nessun trasporto o espressione del viso.

«Grazie, ma preferivo sentirmi dire che il mio ex non scopa con la vicina di casa.»

Ci raggiunge Matteo, il pragmatico. L'uomo giusto al momento giusto.

«Luciabbella, chi ti ha messo di cattivo umore?» le chiede lui tutto premuroso.

«Niente, gli stavo raccontando del tarocchista, o tarocchiere, come si dice?»

«Chi Solange? Boh, tarocchiere forse...»

«Teo ci facciamo fare le carte?» mi butto nella vana speranza di trovare un complice.

«Ma figurati, la vita è già abbastanza noiosa senza che qualcuno ti dica cosa ti capiterà domani...»

«Io ci provo. Una lettura veloce...» minimizzo.

«Sì, ma ti prego, dimmi che chiedi qualche cazzata del tipo se l'Inter vincerà lo scudetto e non robe serie...»

«Robe serie tipo?»

«Lo sai tipo cosa. Lascia perdere.» In quel momento la probabile predica di Matteo viene interrotta dalla suoneria del suo telefonino. O del mio?

«È il mio, è il mio...» mi rassicura, vagamente sorpreso dal nome che aveva appena letto sul display. Io e Lucia restiamo in silenzio incuriositi mentre Matteo, sbrigati i vari *ciao! come va? Che sorpresa! No, non disturbi!* di rito, si congeda da noi con un ambiguo «scusate, è una roba di lavoro importante!».

Lucia mi sorride guardandolo allontanarsi. «Be'... se è importante... quindi ti butti nella cartomanzia? Io darei ascolto al tuo amico e lascerei perdere...»

«Ma sì, infatti sì. Mi bevo due bicchieri di vino e le risposte me le trovo da solo...» rispondo io in imbarazzo.

«Bravo!»

Bravo un cazzo, sono troppo curioso, e disperato. Voglio sapere se con Laura ci sarà futuro. Me ne sono successe troppe negli ultimi giorni. Non può essere un caso.

Entro nella stanza delle magie, dove un ragazzo ricciolino e apparentemente gay sta tenendo banco tra una folla di scappati di casa.

Mi avvicino al tavolino dove un mazzo di carte è stato disposto a semicerchio di fronte a un ragazzo brizzolato e con un maglione che non avrei messo nemmeno sotto tortura.

«Chi vince?» esordisco io.

Lo sguardo inceneritore degli astanti mi fa capire che qui la stanno prendendo tutti seriamente.

Ascolto i cazzi di Bruno, Simona, Santo e Patrizia. Li guardo annuire e disperarsi e sorridere alle previsioni del mago Davide, fino a che non arriva il mio turno.

«Buonasera...»

«Benvenuto, dimmi tu quando fermarmi.» Mi accoglie con voce suadente senza mai smettere di mischiare le carte. Sinceramente speravo mi mettesse un po' più a mio agio, cercando di circuirmi con qualche aneddoto magico, o cose del genere. Sembra un impiegato delle Poste che deve timbrare il cartellino. Lo lascio fare.

«Posso iniziare?»

«No no, vai... ancora una mescolatina...» Non vorrei che il mio futuro avesse troppo in comune con quello di Patrizia prima di me.

«Basta!» lo fermo dopo una bella mescolata.

«Bene, cosa vuoi sapere?»

Temevo questa domanda, speravo andasse lui in freestyle, raccontandomi un paio di banalità rassicuranti, ma ormai sono arrivato alla resa dei conti.

«Boh, l'amore...» mi lascio uscire io, come un bambino scemo, completamente senza piglio. *Boh... l'amore...* che cretino...

«Cioè, vorrei sapere se lascerà il suo fidanzato per me...» ecco qua, preciso.

Il chiromante gira la prima carta e reagisce immediatamente con una smorfia, che interpreto con discreto pessimismo.

«Male? Niente amore?» chiedo repentinamente io.

«No...» mi rassicura lui. «Questa era la carta della vita...»

Ma vaffanculo va!

«La vita dell'altra persona... è molto complicata. Questa persona entra ed esce dalla tua vita, ma la situazione non è stabile.»

Be' considerando che ti ho detto che è fidanzata con un altro e che è facilmente intuibile che abbia contemporaneamente scambiato liquidi corporei con me, direi che le carte non difettano in perspicacia. Gira altre sei carte e poi le riconta, come a far capire che dovevano essere proprio sei, non una di più non una di meno. Conta bene... sì, sono sei.

«No, no. Lei non è stata sincera con te. Non ti ha detto tutto.»

«Tipo?»

«Non lo so, vedo solo un velo di mistero. Ma a un certo punto, nella tua vita, entrerà in gioco una nuova persona» almeno quello...

Non che fossi partito carico di aspettative, ma iniziavo a perdere la pazienza e l'interesse nei confronti delle quattro cazzate che mi stava raccontando.

«Vuoi che controlli di nuovo?»

«Boh, fai tu...»

Dopo un quarto d'ora il buon Davide non aveva fatto altro che ricostruire uno scenario di cui gli avevo abbondantemente fornito i dettagli, aggiungendo il suo personalissimo pronostico da gufo a tutta la faccenda. Secondo lui non c'era trippa per gatti. In più, con un colpetto di tosse, attira la mia attenzione, mentre stavo per andarmene, su un piattino pieno di banconote da cinque euro. Mi giravano veramente le palle.

Uscito dalla stanza incrocio Matteo che aveva evidentemente terminato la sua telefonata "importante", e che ormai visibilmente ubriaco, mi chiede come è andata nel magico mondo della chiromanzia.

Credo che dalla mia faccia abbia capito tutto.

«Oh, *palmizio*. Io andrei a letto, piglio un taxi. Mi passi a prendere domani per le due?»

«Che c'è? Non dirmi che ci sei cascato? Ti sei fatto fare le carte?»

«Sì, ok? Mi sono fatto fare le carte! Mi ha detto che l'amore è una merda e nemmeno sulla vita c'è da stare allegri... Ciao Lucia, auguri ancora. Ti auguro altri giorni felici come questo. Almeno un paio.»

«Buonanotte!»

Me ne torno a casa a dormire e appena prima di infilarmi nel letto mi viene in mente, due ore dopo, che avevo promesso a Lucia di ricordarle di levare le birre dal freezer. Pazienza.

DENNY

Nessuno sa e nessuno / nemmeno mi capisce. / Nessuno vede l'amore, / nessuno lo intuisce. / Io fra i tuoi occhi splendenti / ci sto perduto nel mezzo. / Se accendessi un'altra luce, / non la vedrei.

Matteo

La scatola nera

Siamo partiti, secondo i piani, verso le due del pomeriggio, e ormai siamo in viaggio da circa un quarto d'ora.

«Che hai? Cos'è quel ghigno satanico?»

«Niente, perché, che ghigno?»

«...»

«...»

«VAFFANCULOOO! SEI UN MAIALE. VAFFANCULO. 'FANCULOO. CHE SCHIFO! HAI SCURENGIATO!»

«AAAHHHHHHHHHHHHHHHHHHHHHHHHH!!! E comunque si dice scoreggiato.»

Fa più schifo dire scurengiare che la puzza della scoreggia.

«Sì, ma cazzo! Ma non puoi fare così. È micidiale. Ma che cazzo ti sei mangiato? Apri 'sto cazzo di finestrino...»

«Eeeeh, quante storie per una puzzetta.»

«Sì, alla faccia della puzzetta... tanfa peggio di una carcassa di gnu.»

«Annusi spesso carcasse di gnu?»

«Apri 'sto cazzo di finestrino e ascolta questa canzone.»

«Uhhh, tutta vita, fratello... eh? Ivano Fossati. *L'arcangelo.* Hai deciso di imporre musica da *rughetta* sulla fronte? C'è troppa allegria nell'aria?»

«No, nell'aria c'è di molto peggio...»

«Esagerato. Che ne dici piuttosto di questo più accattivante John Legend?»

«No, tu hai scoreggiato e paghi pegno.»

«Vabbe', sentiamo; ma tu hai un brutto rapporto con la puzza. Una puzza altrui non vale un'imposizione.»

Inserisco il CD nel lettore, traccia numero 2. Parte *Denny*.

«Chi è Denny?» mi chiede Chris.

«Un uomo» rispondo io.

«Cerchiamo lui a 'sto giro?»

«Esatto.»

«Certo che i tuoi *caporali cantautori* qualche bella canzone l'hanno scritta eh...»

«Mi fa piacere che ti piaccia. Hai capito di che parla?»

«Ehm, di Denny, mi pare...»

«E fin, qui... ci siamo. Denny è un uomo, dicevo. E questa canzone racconta di un altro uomo che parla a Denny.»

«Ah, sono froci? È una frocia's song?»

«Sono parole intime quelle di questa canzone. Parlano di un amore omosessuale, che è l'idea che dà valore aggiunto al testo, svincolandolo dai meccanismi di una classica relazione affettiva tra un uomo e una donna.»

«Ahhhh...»

«Ho sentito per la prima volta questa canzone a un concerto di Ivano Fossati a Milano, qualche tempo fa; e presentando questo piccolo gioiello, si interrogava su quanto possa essere fonte di dolore nascondere un amore, prendendo come spunto le coppie omosessuali, profondamente calate nella normalità della vita, che spesso sono costrette a nascondere quello che hanno di migliore, ma che vorrebbero comunicare a tutti.»

«Parli come se ne sapessi...» insinua Christian ironico.

«Ne so. Ne so qualcosa.»

«???!!! Sei gay e non me lo hai mai detto?»

«No, Chris. Non sono gay. Se questo ti può rassicurare. O almeno non credo di esserlo fino in fondo. Ma non sono, fino in fondo, nemmeno il più puro degli eterosessuali.»

Nella sua vaghezza questa frase rischiava di essere una granata pronta a esplodere.

«Sai che ci ho pensato qualche volta? Anzi, all'inizio, quando ci siamo conosciuti, ne ero praticamente certo... Cioè che tu fossi un po'... cioè, capito, no? che giocassi in un altro campionato, diciamo...»

Se non mi ha stupito affatto la scelta infelice delle parole, usate in quest'occasione dal mio compagno di viaggio, sinceramente mi sarei aspettato da Christian un po' più di smarrimento. Quantomeno.

«Cosa vorresti dire che ne eri praticamente certo? Pensavi fossi gay?»

«Ma sì! Vabbe', adesso... non è che sei uno che sprizza virilità da tutti pori. Non lo dico io... è body language...»

«Cos'è che è?»

«Body language... cioè, ti muovi sempre delicato, sempre elegantino, così...»

E all'improvviso nel sedile di fianco al mio non c'era più Chris, ma una strana figura con gli occhi rivolti verso l'alto e le labbra chiuse a culo di gallina che agitava le mani in aria, penzolanti, come se il Signore lo avesse privato dei polsi.

«Io non mi muovo mica così... ma sei cretino?»

«Magari non proprio così, ma non ti immagino certo a fare a botte...»

«Ma quello perché sono cresciuto in un ambiente dove non ho mai dovuto fare a botte... cazzo c'entra col fatto che sembravo gay... tu lo stabilisci così se uno è gay o no? Se fa a botte?»

«No, anche dalla cuffietta colorata in testa. Quella la metti sempre!»

«Ma la metto perché sono pelato...» adesso non esageriamo «che poi, pelato... rasato... e comunque, cosa c'entra? Gli indizi sarebbero altri...» senza accorgermene mi sto facendo trasportare sul tavolo delle volgari banalità che circondano il pianeta omo.

«I gay hanno la foto della Carrà appesa in bagno, ascoltano Madonna, dicono sempre *adooorooooo.*»

Chris, se la ride di brutto, ma la cosa non mi fa certo onore.

«Stasera non posso uscire... c'è la terza puntata dell'*Isola*, fanno le nomination... certo che la Simo Ventura è proprio top...» continua lui.

Così mi sentivo suo complice però...

«Non ti vergogni?»

«Di cosa?»

«Che ti facciano ridere tutte queste stronzate stereotipate sui gay...» misero tentativo di tirarmi fuori dalla mischia.

«No!» risponde Chris come se non ci fosse altra risposta plausibile.

«Io adoooorooo le barzellette e i luoghi comuni sui froci, come su tutte le altre minoranze!»

«Contento tu...»

«Lo so che detta così suona male, ma perché i gay possono raccontare barzellette sui gay, senza che gli altri gay si offendano? Perché si presume che siano battute prive di preconcetti, giusto? Che siano dette così, tanto per ridere. Stesso discorso per i meridionali. O per i neri! Come si fermano quattro neri che stanno stuprando una ragazza bianca? Gli tiri una palla da basket! Ah ah ah ah, direbbero loro, tra di loro. Ma prova a raccontarla tu, da bianco, a Mike Tyson...

«Io non credo di avere preconcetti nei confronti di nessuna razza, etnia, o religione. Mi fanno ridere le battute, tutto qua. A volte vorrei essere un terrone omosessuale di colore. Così potrei ridere senza sentirmi in colpa.»

«Tu sei uno dei peggiori paraculi che abbia mai conosciuto. Dovevi fare l'avvocato.»

«Sì, probabilmente adesso sarei ricco. Comunque, per tornare a te... alla fine mi sono convinto che non sei gay. Solo un po'... sensibile.»

«Certo che sono sensibile. Ma la sensibilità è una cosa, la inclinazione sessuale è un'altra.»

«Vaffanculo Matte, quando ti chiedevo se ti piacevano le donne mi hai sempre detto di sì.»

«E non mentivo.»

«Ma ti piacciono anche un po' i maschi eh?» sussurra Christian con tono esageratamente libidinoso. E continua: «Dio, non so se ridere o piangere... comunque credo che riderò. Anche perché dopo questa tua uscita ti prenderò per il culo a vita!».

«È così importante definire l'appetito sessuale di chi si ha davanti? Cambia qualcosa nella stima o nel bene che puoi volergli?»

«Allora...» inizia lui, con quel suo sorriso coglione sulla faccia. «Diciamo che sei bendato... e io ti faccio girare su te stesso per un minuto... un minuto e mezzo. Quando ti sbendo hai davanti Brad Pitt e Jennifer Lopez... verso chi corri?»

«Jennifer Lopez, pezzo di cretino!»

«Anche se quel bel fustacchione di Brad Pitt non lo butteresti certo via...»

«Ci rinuncio.»

«Dàiiiii... È per ridere...»

«È per ridere un cazzo! Rispondi alla domanda di prima!»

«Quale? Quella sul bene e la stima? Ma è ovvio che non cambia niente. È ovvio. Vengo dalla provincia, ma non sono mica un demente. Ognuno deve essere libero di fare con dignità quello che gli pare. Ovvio. Di sicuro il mio metro di giudizio su una persona non è influenzato da chi questa persona si porta a letto. Per quel che mi riguarda ti puoi chiavare anche le mucche se ti dà soddisfazione... L'importante è che ci sia io nei paraggi con una telecamera per filmare lo scempio...» e scoppia a ridere. «No, scherzo, scherzo, aiuto mi fanno male gli addominali dal ridere... la parola *addominali* ti eccita? Ehhh... ehhh? Addominali di maschio? Vuoi toccare?» e sbotta a ridere di nuovo. «No, no. Giuro, basta. La smetto. È che mi fa troppo ridere. Aiuto... basta! Allora, serio? Ok no, non farebbe nessuna differenza né nel bene, tantomeno nella stima. Ok?»

«Ok.»

«Ora posso tornare a prenderti per il culo?» e di nuovo, ride come un coglione. «Oddio, questa non mi ero nemmeno accorto di averla detta, è uscita da sola... prenderti per il culo... ti piacerebbe eh... mamma mia ho le convulsioni... basta!»

Se non fosse che la sua demenza fa ridere anche me, lo prenderei a sprangate.

Tento comunque di rimettere il tutto su binari di serietà.

«Ci conosciamo da tanti anni. E per tutti questi anni ci siamo amati. Io credo. Come amici, certamente, come fratelli; ma anche come discreti amanti. Dalla testa alla cintura. Su questo puoi starne certo. Mai più giù.»

«Ma cazzo ci mancherebbe altro! Senti Teo, ti voglio bene, diciamo anche che *ti amo* anch'io. Ma sei il mio fratellone! Quello che non ho mai avuto. Quello che se faccio una cazzata mi dà una mano, quello che ha vissuto le mie esperienze prima di me e mi sa consigliare, e dire la cosa giusta al momento giusto... E, se vogliamo dirla tutta, ero partito per questo viaggio per dimostrarti che adesso, a quasi ventisette anni, sono in grado di ricambiare tutto quello che mi hai sempre dato, e di smetterla di prendere e basta. Che ora sono anche in grado di dare... ma... cazzo!» e di nuovo non riesce a trattenersi dal ridere. «Dopo 'sto discorso le parole *prendere* e *dare* iniziano a farmi venire i brividi!»

Non posso non dargliela vinta e inizio a ridere con lui.

«Cioè... stiamo sempre parlando la stessa lingua no?» mi chiede Christian, come se realmente temesse una risposta negativa.

Come al solito non aveva capito niente.

«Ma certo che sì! Io però sto facendo un altro discorso. La parola giusta per definirti è: ottuso!»

«A me in questo momento, parole per definire te, me ne vengono in mente una ventina... tutti sinonimi!»

«Pirla, ascolta. Ti ho guardato dormire molte volte, con la stessa dolcezza e lo stesso entusiasmo con cui mi capitava di passare notti insonni guardando dormire prima Elena, poi

Manu, poi Giada, e poi Anna. E posso giurarti di averle amate tutte, con tutto me stesso e con tutte le mie cellule.»

«Ok. Da stasera dormo nella vasca da bagno chiuso a chiave!»

«Dimmi che questa pena non durerà tutta la vita. Seriamente... mi piacciono le donne. Ho fatto l'amore con ognuna di loro, e di ognuna ho assaporato il profumo e il respiro. Sono stato infinitamente amato, credo, da tutte e quattro. Poi ho scopato e, contemporaneamente tradito, un'altra decina di ragazze alcune anche intelligenti e per bene, altre da non riuscire nemmeno a guardarle negli occhi... Detto ciò, sono certo di aver amato anche un uomo.»

«Mmh... allora è un vizio, stavi andando bene con la storia delle donne e delle cellule... E chi sarebbe il fortunato?»

«Non è importante, adesso.»

«Come non è importante..? C'entro io?»

«No, Chris, tranquillo. Se c'entrassi tu, non staremmo qui a parlarne in questo modo.»

«E come ne staremmo parlando? Sdraiati sui sedili di dietro cosparsi di panna montata?»

Evidentemente oggi Christian si sente un comico d'avanguardia e ride come un cretino a tutte le sue battute cretine, nessuna esclusa.

Posso solo andare avanti con la mia autoanalisi cercando di fare finta di niente.

L'altra notte, in albergo, prima di dormire, mi sono infilato le cuffie dell'iPod, e ho fatto questo pensiero che credevo fosse chiuso in una scatola nera.

Avrei giurato che la scatola nera fosse andata perduta. Sprofondata in fondo all'oceano e che nemmeno il più sofisticato mezzo tecnologico avrebbe più potuto recuperarla.

E invece basta un suono, una rima, una sola frequenza che tocca una corda e la fa vibrare tanto da riuscire a far tornare a galla quell'ammasso di latta e ricordi che pesano come il piombo. Erano le quattro del mattino e sarebbe stata un'ora consigliabile per andare a dormire.

E invece, ancora una volta, mannaggia alle canzoni.

Una; ne basta una, che nemmeno mi piace, ma che è stata capace di gonfiarmi gli occhi e di accorciarmi il respiro.

Che ha riportato in camera lo stesso odore, le stesse smorfie e lo stesso sorriso di tanti mesi fa.

A volte credo che l'uomo sia ridicolo quando cerca di sfidare le distanze con gli aerei, con le autostrade... o di sfidare il tempo con il cronometro, con l'ADSL e con i mezzucci antiinvecchiamento.

Tanto, basta una canzone per annullare le distanze e il tempo.

Tutto lavoro sprecato. "Lontano dagli occhi e lontano dal cuore" un paio di palle.

Basta un iPod. Modalità shuffle. Quattro note di *intro*, in una sequenza che non lascia possibilità d'appello.

Quella era, e quella rimane.

Piangi Matteo. Piangi che ti fa bene. Pensavo...

Nessuno ti vede. Non ti puoi permettere nemmeno il lusso di raccontarlo a qualcuno.

Non ti vede chi vorresti che ti vedesse piangere. Non ti ascolta chi ti manca. Stanne certo.

Avresti il coraggio di riaccendere il telefono, comporre il suo numero e, con la voce zoppicante e condita di lacrime, gridare che ti manca?! No eh... Allora piangi Matteo. Spegni l' iPod, la luce e vai a dormire.

E tutto ciò non era riferito né a Elena, né a Manuela, nemmeno a Giada, e neppure era un pensiero per Anna... Tutto questa ferraglia era per Andrea. Che non sento e non vedo più da tempo. Non so che fine abbia fatto e, ogni tanto, mi manca ancora.

Ma ci sta. Ci sta tutta. Perché Andrea è nei miei pensieri da tanto tempo. Credo di averlo amato. Per quanto si possa amare un uomo amando le donne.

Spesso la vita è un'altra cosa, rispetto a quella che pensiamo.

Andrea è "un'altra cosa" rispetto a quello che ho creduto di me.

Ma forse, è il caso, almeno per ora, di richiudere la scatola nera e di rigettarla nel mare.

«Quindi?» mi chiede Chris facendomi riemergere dal mio mini momento di apnea.

«Quindi cosa?»

«Dove andiamo a cercarlo, il frocetto di Denny?»

Stava evidentemente cercando di provocarmi, e devo riconoscergli che solo lui sa essere così indelicato, quando vuole.

«Denny? Da alcune ricerche che ho fatto dovrebbe stare proprio a Genova, ma d'altra parte Fossati è lì che è nato e cresciuto. Stavo pensando che potremmo anche lasciar perdere e passare alla prossima tappa.»

«Perché? Ti vergogni di me? Non vuoi che ci veda insieme?» Mi chiede facendo l'imitazione di una donnina pazza di gelosia.

«Sei insopportabile. Ma credo tu lo sappia. Passerei oltre perché, primo: in questo caso, non saprei proprio da che parte cominciare le ricerche e, soprattutto, secondo: perché le mie riflessioni sul caso, si sono già belle che esaurite in questo cesso di macchina.»

«Ricordati che c'è sempre Marco di Marco se n'è andato... ma quello direi che potrebbe essere il nostro gran finale...»

Il fatto che Christian abbia dato per scontato che ci sarà un gran finale nel nostro viaggio, in questo momento mi terrorizza. Rimango in silenzio, mentre lui, per innervosirmi ancora di più, si rivolge a me al femminile.

«Che c'è baby... Ti sei offesa?»

«Ma va...»

«Giura!»

«Ma cosa vuoi che giuri... cosa abbiamo, due anni? Ho detto di no!»

«Dimostramelo!»

«Come?»

«Baciami!»

E lui scoppia di nuovo a ridere tutto soddisfatto della sua tagliente ironia, dimostrandomi, ancora una volta che una risata è più contagiosa di uno sbadiglio.

E della nostalgia.

ALICE

Alice guarda i gatti / e i gatti guardano nel sole / mentre il mondo sta girando senza fretta. / Irene al quarto piano è lì tranquilla / che si guarda nello specchio / e accende un'altra sigaretta. / E Lilì Marlene, bella più che mai, / sorride e non ti dice la sua età, / ma tutto questo Alice non lo sa.

Matteo

Occhi al cielo

La TV.

Non me ne è mai importato molto di piazzare il mio muso in televisione.

Cioè, è una di quelle cose, in verità, a cui non ho mai pensato seriamente.

Eppure ho la sensazione che questo sia uno di quei treni storici. Che passano una volta e poi non passano più.

Chiunque dedica tanto lavoro e impegno alla sua passione meriterebbe di arrivare per tempo alla stazione dei "treni storici".

Quelli che non è nemmeno detto che passino. Ma che, qualche volta, e questa, forse, è una di quelle, arrivano ad alta velocità.

Si fermano per qualche istante, ti aspettano un momento e poi se ne ripartono.

Con o senza di te.

Lo studio, la determinazione, la ricerca e la caparbietà costanti fanno sì che, a un tratto, la stazione magica ti si presenti davanti. Prima ancora del treno. Prima ancora della fortuna.

Allora, se si è pronti, si può prendere coraggio ed entrare.

Aspettare ancora. Ancora aspettare. Poi se quel treno, che in lontananza si intravede, decide di fermarsi, allora salutare tutti e salirci sopra.

Ecco: questa, in altre parole, è stata la telefonata "importante" di Marta alla festa di ieri sera a casa di Lucia.

Marta è una producer televisiva. La conosco dai tempi del liceo. Era in terza F.

Ha sempre avuto una passione per me. Credo che, per un periodo, sia stata anche innamorata. Una sera, prima della maturità, siamo pure finiti a letto insieme.

Nulla di memorabile; però è rimasta una ragazza che ho rivisto, saltuariamente negli anni, con piacere e senza alcun imbarazzo.

Poi ho apprezzato in lei il fatto che si interessasse, periodicamente, degli snodi salienti della mia vita; con una precisione quasi scientifica si è sempre fatta sentire in occasione delle vicende degne di nota. Tipo nuove fidanzate e relative separazioni, la laurea, l'appendicite, il taglio a zero dei capelli, l'acquisto della Clio, l'inizio del mutuo per la casa nuova e il primo insediamento...

Insomma una discreta e simpatica fattucchiera.

Bene. Ieri sera mi stacca questa storia-proposta incredibile di un forfait lanciato all'ultimo da un ragazzo di Roma che doveva diventare l'inviato italiano per un nuovo programma televisivo su "piattaforma internazionale". (I producer usano spesso il termine "piattaforma" un po' come i nostri genitori negli anni Settanta amavano farcire le loro frasi con "nella misura in cui"). Stanno urgentemente cercando un sostituto disposto a partire per Berlino entro dieci giorni.

Compito dell'inviato: quaranta minuti complessivi al giorno di diretta dagli studi di Potsdamerplatz (in prima battuta, poi Londra, il mese prossimo, poi Düsseldorf, poi Copenhagen, poi Bruxelles e via via altre *glam-european-cities*, raccontando al conduttore del programma contenitore italiano, nuove tendenze e produzioni musicali europee. Interviste, ospiti in succursale, concerti, gigs.

Tradotto: bella vita per sette mesi; alberghi e cene pagate, nuove conoscenze, *superesperienzacostruttiva*, seimila euro al mese.

Seimila euro al mese. Dico. Seimila.

Ma soprattutto la concretezza di un lavoro che potrebbe evolvere. Una prospettiva. Una possibilità. Un mestiere che potrebbe portarne altri. E nel frattempo porterebbe qualche soldino. E, tutto questo, ora non è poco. Affatto.

Per uno come me, con tante aspettative e tanto talento, ma per ora, risultati piuttosto esigui.

«Matte, ti giuroooo, sei troppo adatto! Guarda: appena quel cretino ha chiamato dicendo che, fatalità, poco prima della firma del contratto, è stato richiamato per una parte in una nuova fiction di Mediaset, ho pensato subito a teeee!»

Incalzava Marta ieri al telefono, mentre, alla festa di Lucia, ci si avvicendava per prendere posto dal mago Davide.

«Matte, ti giurooo, è troppo una buona occasione per teee!»

Marta pur avendo trentaquattro anni, ha l'entusiasmo e il lessico di una ventenne milanese. Ma fa la producer: è quasi obbligata.

«Cioè, praticamente, io ho già parlato di teee, no?, ecco, ho incuriosito di brutto il regista – che tra, l'altro, siamo amicissimiii, no? – eh, niente, lui si fida un sacco di me, no?, poi gli ho raccontato della tua passione per la musica, del fatto che scrivi benissimooo, dài Matte, sarebbe fichissimo! Poi secondo me tu in video ci stai da pauraaaa! Ma sai quanti vorrebbero essere al tuo posto!?

«Guarda, secondo me, Alex, il regista, non ti fa nemmeno fare il provino, cioè gli ho parlato talmente bene, che guarda, per me ti piazza in video e ciaooo bello! Supersvolta!»

Ora, una telefonata di questo genere che arriva alle undici e mezzo di una notte afosa di luglio, con un linguaggio del genere, farebbe pensare più che a una supersvolta a una supersòla.

Ma conosco Marta e so che fa sul serio. Certo dev'essere in merda... Il romano mi sa che ha generato davvero scompiglio; quindi, se avessero più tempo, sicuramente organizzerebbero nuovi provini; ma ci sta che Marta non stia scherzando e che questa potrebbe essere, per me, una buona occasione.

Le ho chiesto una giornata per pensarci. Anche se credo di sapere già quale sarà la mia risposta. Le avrei chiesto anche solo un'ora se non fosse che si tratta di partire tra dieci giorni esatti, che sono un ansioso e che ho bisogno dei miei tempi, ma soprattutto che sono in viaggio con Chris e che la nostra spedizione non merita affatto di essere interrotta a metà.

Meno che meno adesso che, appena imboccata la Milano-Genova abbiamo deciso di sostituire il nostro appuntamento con Denny, con uno, se possibile, ancora più difficile.

Usciamo alla prima dopo Binasco, appena in tempo per tornare a Milano e organizzare bene la prossima tappa.

È il momento di fare sul serio: cerchiamo Alice.

«Come fa Alice di cognome?» fa Chris, come se mi stesse chiedendo il cognome di mia madre da nubile. Come se io fossi tenuto a saperlo, e come se lo avesse sempre saputo anche lui, ma per colpa di un attacco di amnesia improvvisa se lo fosse scordato.

«Alice... E che ne so?»

«Ah, niente? Brancoli nel buio? Nel buio brancoli? Ahhhh, brancoli... Che parola assurda... Non trovi?!»

«Chris, sei ubriaco?»

«No, è che qualche volta mi fisso sulle parole e mi viene un sacco da ridere... Tipo brancoli. Brugola. Rucola. Pneumatico... Scusa. Quindi, niente? E come la recuperiamo Alice? Abbiamo qualche indizio? Sappiamo qualcosa di questa bella signora che si fissava a fissare i gatti?»

«Nulla Chris, nessun indizio. Ma l'altra notte ho avuto un'idea.»

«Quando si dice "la notte porta consiglio..."»

«Sì, esatto.»

«Hai provato con la melatonina?»

«Lascia perdere, che in questo periodo, con certi dritti che mi faccio, alcune notti mi ci vorrebbe il napalm per riuscire a addormentarmi...»

«Te sei nato stressato.»

«Sì, ma senti qua... Allora, Alice è di Roma. E questo lo dobbiamo dare per assodato. Quindi la dobbiamo cercare a Roma. E c'è un unico modo per trovarla: fare in modo che ci trovi lei.»

«Roba tipo che se Maometto non va alla montagna...»

«Sì, roba di quel genere. Però dobbiamo dare alla montagna un piccolo aiuto per spingersi verso Maometto.»

«E da dove arriva la spintina?»

«Arriverà dall'alto.»

«Hai deciso di scomodare il capo supremo?»

«No, lui non lo disturberei fino a che non si presentano cause maggiori. Punterei in prima istanza sul Viviani.»

«Spiega...»

«In sintesi: dobbiamo affittare un dirigibile. Sai tipo quello della Good Year che girava nei cieli della Lombardia quando eravamo piccoli?»

«Sono nato a Pontremoli.»

«Peggio per te. Negli anni Ottanta, capitava di veder volare un dirigibile con megascritte pubblicitarie. Tutti gli ex bambini milanesi se lo ricordano. Tutti sognavano di farci un giro sopra. Io direi che è arrivato il momento di dare nuova vita al dirigibile.»

«Tu sei stressato e pure matto.»

«Girerà per un giorno, sopra i cieli di Roma, un silurone gonfiato a elio con un messaggio per Alice.»

«Paga Viviani?»

«Naturalmente.»

Il telefono squilla strano. Come quando chiami qualcuno che si trova all'estero. Non TUUUUU TUUUUU, ma TRRRRR TRRRRRR.

«Proooonto...» risponde una voce infastidita, tipica di chi viene disturbato quando non vorrebbe.

«Sì, pronto! Il signor Viviani?»

«Sì?!»

Ok, ora arriva il difficile. Con il nostro folle viaggio potremmo anche fermarci dove siamo arrivati, ma ormai la giostra è partita. Vogliamo il *coup de théâtre*, il gesto eclatante e l'uscita di scena tra gli applausi. Applausi che potremmo usare per fare leva sullo smisurato ego imprenditoriale del nostro pigmalione.

Dobbiamo riuscire a strappare al buon Leonardo Viviani gli ultimi soldi necessari per compiere l'impresa finale.

È in vacanza in Corsica con la famiglia, vicino ad Ajaccio, e questo è il classico quadretto in cui, notoriamente, a nessuno va di farsi rompere le palle, figuriamoci farsi chiedere dei soldi. Ma il Viviani è un visionario, un pioniere, il Viviani è un fuoco di sant'Antonio, il Viviani è un *geghegè* nel valzereccio panorama musicale italiano. Il Viviani ha voglia di scommettere.

O perlomeno era ciò di cui stavo tentando di convincerlo.

Gli parlo dei personaggi bizzarri che abbiamo incontrato fino a oggi, degli ottimi presentimenti che abbiamo sullo sviluppo del racconto, di come avrebbe potuto diventare un libro o anche un film, di come "Music Ring" sarebbe al centro di questo progetto, tutto sommato low budget, che gli farebbe guadagnare una bella cifra.

Gli parlo dell'ultimo sforzo, del dirigibile sopra Roma, del riscontro mediatico che avrebbe un gesto come quello, nella capitale e non solo. Qua si tratta di finire in TV, sempre con "Music Ring", come baluardo, in prima linea.

Va detto che, a giudicare dal registro della nostra discussione, il Viviani sembrava tutto fuorché un pirla circuibile con false promesse, ma evidentemente, per nostra fortuna, ci crede come noi.

Ci dà appuntamento da lì a tre giorni a Milano, al rientro dalle sue vacanze, nel suo ufficio.

Organizzare la missione il più in fretta possibile è il suo obiettivo.

Godersi il risultato di quel gesto folle, ma nemmeno troppo rischioso per le sue casse, era la botta d'adrenalina che forse cercava da tempo, e a noi, andava proprio bene così.

Pause

Christian

Incredibile! Matteo è rimasto a Milano per sbrigare un paio di commissioni, o perlomeno è così che ha liquidato la domanda "tu che farai in questi tre giorni di pausa?", e io non sono seduto sul sedile del passeggero di una Clio scassata, ma nella mia macchina... E chi se la ricordava più. Sono passati veramente pochi giorni da quando l'ho lasciata a riposare nel box di casa mia, eppure mi sembra di non esserci mai salito prima. È tutto fuori portata di mano, dalla cintura di sicurezza al cambio, dal poggiagomito all'autoradio, e mi sento impacciato qualunque gesto tenti di fare. Come quando passi una giornata intera al mare a giocare con le onde e poi ti stranisci a camminare per strada perché il tuo corpo sembra andare per i cazzi suoi e non risponde ai tuoi comandi... soltanto adesso mi viene in mente che l'espressione "pesce fuor d'acqua", per indicare una situazione nella quale non ti senti a tuo agio, probabilmente si riferisce a questa strana sensazione che ti piglia la pancia. Come in questo momento, anche se sarebbe stato stupido attribuire al cambio della macchina tutte le mie ansie di quest'istante. La mia pancia è sottoposta a ben altri stress. Essere stato in viaggio con Matteo, senza mai avere un vero e proprio momento di intimità con me stesso, mi ha riparato momentaneamente dalla tempesta di pensieri che si sarebbero potuti scatenare in me dopo l'incontro con Laura. Ora però, non ho più protezioni, sono solo nella mia macchina, e cantare a squarciagola *I Heard It Through the Grapevine* di Marvin Gaye in falsetto, con un volume della radio così alto da non riuscire nemmeno a sentire la mia stessa voce, sembra essere un rimedio più infantile che efficace.

Quindi? Dài Christian, su... parla chiaro, almeno con te stesso. Sei qua in macchina, da solo, puoi essere sincero al cento per cento. Sputa fuori quello che senti, senza confonderti con quello che vorresti sentire. Sincero, cento per cento, niente scuse, non ti sente nessuno. Se non sai da dove cominciare ti faccio io delle domande ok? Poi non dire che non ti voglio bene eh... pronto? Inizio eh... vai! La ami?

Ammazza sei partito con una domanda da niente...

Tanto prima o poi ci saremmo dovuti arrivare, quindi tanto vale levarsi il dente, meglio saperlo da subito. Quindi... La ami?

Mi sa di sì!

Scusa Christian, non per metterti pressione ma "mi sa di sì" non vuol dire un cazzo, in questa situazione.La ami?

Sì.

Saresti disposto a rinunciare a tutto per lei?

No, perché l'amore non si basa sulle rinunce ma sull'accettazione dei propri...

Ehi, ehi... non fare il furbo con me! Primo perché sono la tua coscienza e so prima di te dove vuoi arrivare e secondo perché hai capito perfettamente quello che intendevo. Non si parla di rinunciare ai tuoi valori, ai tuoi ideali alle persone che ami. Si parla di rinunciare alle stronzate che vi hanno allontanato quando stavate insieme. L'incapacità di condividere le tue cose con lei, dei tradimenti non ne voglio nemmeno parlare, si tratta di smettere di considerarla "la tua donna" e iniziare a pensare a lei come "la tua compagna"... ma tanto avevi già capito... quindi?

Sì, lo farei.

Sei sicuro? Perché adesso lei sta con un altro, e per quello che ne sai tu, lui la rende felice...

Sì, ma intanto, l'altro giorno quando stava male ha chiamato me, e da come abbiamo fatto l'amore sono convinto che anche lei provi ancora qualcosa per me.

Ma certo che prova ancora qualcosa per te. Lei era innamorata di te. Cosa pensi che sia, un robot? Ma non è questo il punto. Il fatto è che adesso sta con un'altra persona, e se decidi di portarla via da quella che ormai è casa sua, devi essere sicuro di poterle offrire tutto quello che hai da dare, senza risparmiarti mai, senza mai darla per scontata. Pensi di esserne in grado?

Sì!

Oh, ma che bravo bambino... non è che ti stai un po' sovrastimando?

Ma che cazzo vuoi? No, per niente. Ho capito che è lei!

Lei chi?

Lei, la lei che tutti cercano. Lei!

E quanto durerà questa volta? Sicuro che in un paio di mesi non ti sarai stancato del giocattolino? Avresti mandato in frantumi le vite di due persone per niente!

Di tre persone...

Ma perché devi sempre essere così egocentrico? Cosa c'entri tu? Tu al limite ritornerai alla tua vita fatta solo di te stesso... parlo di loro due, e per quanto, comprensibilmente, a te di lui te ne possa anche fregare relativamente, lei non se lo meriterebbe, no?

No, ovvio che no... in più suo padre mi romperebbe anche il collo... l'ultima volta che l'ho visto mi ha detto che...

Sì, sì! Lo so, c'ero anch'io. Ma stiamo divagando. Il punto è: non farti prendere dalla fretta, dall'ansia di averla persa, di voler a tutti costi vincere tu... pensaci bene. Non essere stupido, almeno per una volta... me lo prometti?

Non serve rispondere.

Ma, tra quello che è giusto fare e quello che di solito decido di fare io, c'è tutta una serie di possibili alternative che, comunemente, i saggi raggruppano sotto il nome di "gran cazzata!", e tanto per cambiare mi trovavo ancora una volta bendato a sorteggiare una pallina colorata dall'ampolla delle cose poco convenienti, sperando che la sorte mi fosse un po' amica. Sul biglietto che ho pescato c'è scritto "vai da lei!". Probabilmente questo sorteggio è leggermente pilotato. Sta di fatto che senza nemmeno rendermene conto le mie dita stanno impostando il navigatore in direzione Genova. Ho bisogno di parlare con lei, di toccarla, di guardarla negli occhi ed essere sincero. Con tutti e due. Sto andando a casa sua.

Matteo

Pausa.

Ne approfitto per andare a salutare mia madre e fare la spesa. A casa non è rimasto praticamente nulla da mangiare.

Devo ricordarmi che resto a Milano un paio di giorni: il tempo necessario per l'allestimento della missione Alice.

Quindi niente insalate formato convenienza, niente latte fresco. Niente carne che poi si butta.

Sono il prototipo del cliente medio da spremere al supermercato. Mi lascio sedurre da luci, colori e packaging.

Due giorni, Matteo, ricorda. Due giorni.

Sogna, ragazzo sogna / quando sale il vento / nelle vie del cuore, / quando un uomo vive / per le sue parole / o non vive più; / sogna, ragazzo sogna, / non cambiare un verso / della tua canzone, / non fermarti tu...

Rime in sequenza che spezzano il fiato. Monito severo e dolcissimo per coloro che, come me, soffrono di "groppo in gola".

"Parole rosse come il sangue nere come la notte" che pesano come il ferro e arrivano come uno schiaffo.

Sarà che ormai sono in modalità "ricerca-personaggi", ma non riesco a fare a meno di pensare per chi sia stata scritta questa canzone. La ascoltai per la prima volta nel 1999 e oggi, che mi ci imbatto per caso, mentre ascolto la radio, bloccato nel traffico di viale Tibaldi, mi pare che abbia ancora più senso e che sia ancora più bella.

E, in un eccesso di ingiustificato protagonismo, ho pure la sensazione che sia stata scritta per me. Trovare il ragazzo a cui si riferisce il professor Vecchioni è impossibile e, in questo momento inutile. Mancano riferimenti e indizi. In questo momento, forse, mancherebbe pure la voglia. Allora mettiamo caso che sia stata scritta davvero per me. Che ne è dei miei sogni? Cosa ho sognato finora? Quanto ho pagato per i miei sogni, ma soprattutto, al di là del loro prezzo, che valore hanno oggi?

Oggi, che una parte di questi, si sta pure trasformando in realtà e faccio ancora più fatica a rispondermi.

Perché anche la felicità deve fare così paura? Perché anche quando un sogno si avvicina c'è sempre da fare tornare i conti?

Ho passato tanti anni della mia vita ad aspettare. Qualsiasi cosa.

Se solo fossimo capaci di vivere mentre aspettiamo.

Io non sempre ci sono riuscito.

Ho aspettato l'amore di mio padre, ho aspettato che mi venissero riconosciute le mie qualità sul lavoro, ho aspettato troppe telefonate per troppo tempo che non sono neppure mai arrivate, ho aspettato di essere amato come avrei voluto, dimenticandomi che se qualcuno ci ama diversamente da come vorremmo non è detto che non ci ami.

Poi ho aspettato per vedere realizzati i miei progetti, come se il solo fatto di averli pensati bastasse per vederli concretizzarsi. E mi sono ingannato anche lì.

L'attesa tempra, ma può anche sfinire se non è supportata da un risultato.

Ci sono miliardi di buone occasioni nella vita in cui si è costretti a inventarsi passatempi in attesa che arrivi il tuo tempo.

Ma il tempo non è una scienza teorica. Affatto.

A un certo punto, quando decide lui, arriva e ti disorienta.

Allora tutto quello che hai sognato, se il tempo lo decide, ti si piazza davanti come un mostro gigantesco dalle mille teste e tu non hai più scampo. Hai smesso di sognare, in quel momento e ti tocca vivere. E, casomai, vivere pure la felicità.

La mia partenza è decisa. Ho sognato e aspettato a sufficienza. Adesso per un po' mi va di vivere.

Andrò a Roma con Chris, perché se Alice si fa trovare, non voglio lasciarlo da solo.

Poi, però, me ne andrò a Berlino. In mezzo ci sarà il momento in cui dovrò dire a Christian che mollo il colpo. Senza colpa.

Senza sensi di colpa.

Christian

«Sai cosa?» «No.»

Ci presentiamo puntuali in sede, e la segretaria, che Matteo chiama per nome, Marina, ci dice che il presidente ci sta aspettando. Dal tono serioso della giovane ed effettivamente bruttina, anzi brutta-proprio Marina, a questo punto, mi preparo a entrare in un ufficio grande il doppio di casa mia, con una scrivania di mogano lucido al centro, dietro la quale sta seduta una sagoma enorme che si mostra al nostro cospetto ruotando sulla sua sedia girevole mentre accarezza un gatto persiano. La realtà è ben diversa.

Un signorotto sulla cinquantina scarsa, con i capelli lunghi, curati e brizzolati, che ci accoglie amorevolmente tra quattro muri troppo vicini l'uno all'altro per permetterci di sederci tutti intorno allo stesso tavolo.

«Che piacere vedervi!»

«Fatto buone vacanze?»

«Ahhhh... una favola! Un vero paradiso. Ma c'è un tempo per stare al mare e un tempo per fatturare. Tu devi essere Christian...»

«Piacere di conoscerla» gli dico stringendogli la mano sudaticcia. Avrei preferito stringere un'anguilla.

«Piacere mio! Allora, sedetevi sedetevi...» tenta di farci accomodare il boss. «Matteo al telefono mi ha raccontato a grandi linee quello che avete combinato finora. L'avete presa seriamente eh? Io avrei scommesso che era solo una scusa per farvi le vacanze a spese del capo. Ora però, concentriamoci sul prossimo passo...»

Si prende una pausa teatrale, prima di lasciarsi andare in un «Aliiice» detto sospirando e facendo il gesto con le mani come a indicare un titolo in cartellone a Broadway.

«Ecco, infatti» attacca Matteo. «Finora siamo andati bene e siamo riusciti a rintracciare più o meno tutti i nostri obiettivi, ma su Alice brancoliamo un po' nel buio.»

«Sì, non abbiamo proprio idea di dove andare a sbattere la testa!» aggiungo io prima che Matteo prosegua nel racconto, e prima che, ancora una volta, la parola *brancolare* mi faccia scattare immediatamente una risata fuori luogo.

«Quindi ci è venuta in mente questa idea del dirigibile pubblicitario, con l'appello ad Alice, l'appuntamento per le eventuali pretendenti e l'indirizzo di "Music Ring" per le necessarie info. Magari mettiamo anche il sito Internet!»

Il Viviani si gira lentamente e si avvicina alla finestra.

Si rigira verso di noi sospirando e poi si rigira di nuovo verso la finestra scrutando l'infinito e grattandosi il mento tutto contrito, lasciando trasparire una probabile formazione culturale a base di pane e thriller di serie B.

«Avete idea di quanto mi potrebbe costare?»

«Sinceramente no» ammetto candidamente io. Mentre Matteo avalla la nostra ignoranza con un cenno della testa.

Il Viviani si gira e si rigira ancora un paio di volte, prima verso di noi e poi verso la finestra, iniziando sinceramente a diventare stucchevole, prima di scoppiare, lui, in una fragorosa risata.

«Nemmeno io ragazzi, nemmeno io. Ma chi non risica...» lascia in sospeso, fissandoci con uno sguardo inebetito. Sinceramente vuole che completiamo la frase? È un gioco a premi?

«Non rosica!» primeggia Matte. Hai vinto l'orsacchiotto.

«Bravo, non rosica! È sempre stata la mia filosofia. Sento che questo è un buon affare, e poi ho sempre definito "Music Ring" il mio giocattolino. Quindi tanto vale giocare!»

«Dunque qual è il prossimo passo?» Matteo esterna la domanda che tutti e due avevamo in mente.

«Mi occupo di tutto io, faccio un paio di telefonate, capisco qual è il giro del fumo, e ci muoviamo più in fretta possibile. Direi di essere operativi già inizio settimana prossima. Voi nel frattempo avevate qualche altra visita da fare?»

«Sinceramente pensavamo di no. Io magari faccio visita ai miei genitori.»

«Siamo in vacanza, diciamo, fino a settimana prossima.»

«Bravi riposatevi che ora arriva il bello. Solo a pensarci ho la pelle d'oca!»

«Bene allora, noi la lasciamo alla parte organizzativa e ci prepariamo a scendere in campo.»

«Bravo! Ciao Christian, piacere di averti conosciuto. Matteo... l'ho sempre detto che eri uno sveglio. Non ho mai creduto a quello che dicevano di te i tuoi colleghi!»

«Grazie... cioè, in che senso non ha mai creduto?»

«Non ci pensare, non ci pensare...» lo interrompe il gran capo. «Gliela farai vedere a quelli là... andate a casa e ci sentiamo presto.»

E così ci congediamo dal Viviani e anche da noi stessi, prendendoci un altro paio di giorni di stop, ognuno per conto suo, ognuno a casa sua, ognuno a pensare a cosa stavamo combinando, con la sensazione nelle ossa di aver dato vita a qualcosa, di aver realizzato un'impresa, nata da una serata etilica con un amico in un pub che puzza di urina. Credo sia il sogno di chiunque, puzza di urina a parte.

Il lunedì mattina successivo alle 11.40 il mio cellulare sta già vibrando di adrenalina.

Matteo dice che quel genio del Viviani ha organizzato tutto per il giorno dopo. A mezzogiorno di martedì, un dirigibile nero, con la scritta d'oro CERCHIAMO ALICE CHE GUARDA I GATTI e il logo ben visibile della rivista musicale "Music Ring" si sarebbe alzato sui cieli della capitale. E anche con l'indirizzo dell'appuntamento che, avremmo scoperto qualche ora dopo, è di un loft in centro che un impiegato romano, amico del nostro finanziatore, ci ha messo a disposizione, a parziale risarcimento di un paio di favori ricevuti in passato.

Da martedì sera io e Matteo avremmo dovuto presidiare la location dei vari provini sperando che l'Alice di De Gregori, nell'ordine: A) esistesse per davvero; B) fosse ancora viva; C) abitasse a Roma; D) alzasse gli occhi al cielo proprio nel momento in cui il nostro dispendioso espediente le volava sopra la testa; E) decidesse, per non si sa bene quale motivo, di rispondere all'appello di due disperati come noi.

Non avevamo molte speranze a pensarci bene, ma l'eccitazione era di quelle febbrili che non consentono alcun senso della realtà. In quel momento, per noi, tutto poteva accadere. Tant'è che nel giro di un'ora e mezza eravamo di nuovo sulla nostra Clio senza aria condizionata, sette ore di autostrada, come due supereroi pronti a sconfiggere il male.

«Non è incredibile?»

«Cosa?» mi chiede Matteo guardando con un occhio la strada e con l'altro fuori dal finestrino

«Questo! Quello che abbiamo messo in piedi! Sinceramente pensavo che saremmo tornati a casa dopo un paio d'ore dalla partenza una settimana fa!»

«Sì, anch'io, invece...»

«Sai cosa? Credo che, finito questo viaggio, mi mancherai...»

«Ovvio, anche tu» mi risponde con un tono a metà tra il divertito e l'annoiato.

«Credo che mi dovrò comprare un cane per superare il trauma!»

«Cosa vuol dire "comprare un cane"? I cani non si comprano, vai al canile!»

«Sì, ovvio, ma se non trovo un cucciolo mica mi prendo un cane di cinque o sei anni...»

«Perché no? È sempre un cane!»

«Ho capito, ma uno, un cane, lo vuole crescere, addestrare... è come adottare un figlio. Se quando ti arriva a casa, arriva in macchina e guida lui, vuol dire che c'è un problema... mica si adotta un figlio di diciott'anni! Con i cani è uguale!»

Non ottengo risposta, e nemmeno troppa considerazione. Matteo continua a dividere il suo sguardo tra la linea che separa le corsie dell'autostrada e il panorama alla sua sinistra, non lasciandomi nulla di meglio da fare che dedicarmi a un miscuglio di pensieri ai quali non saprei dare un senso e un ordine preciso. Credo che quel gomitolo abbia a che fare con il passaggio dall'euforia di un attimo prima alla nostalgia di un secondo dopo, uno scombussolamento dovuto alla strana consapevolezza che qualcosa sta finendo. Come quando da bambino, per le feste di Natale, non vedi l'ora che arrivi il gran giorno, e poi, il 25 dicembre, sei felice al massimo fino alle dieci del mattino, quando ti ritrovi in camera tua sommerso di confezioni regalo scartate che ti sei goduto per una mezz'oretta e tutto d'un tratto vieni avvolto da un velo di tristezza che a nove anni non ti sai spiegare. Non capisci perché, un secondo dopo essere stato così felice, tu possa essere così triste... La fregatura è che con il tempo impari a farlo, e questo senso di vuoto impari a conoscerlo, e infine anche a prevederlo. E il giorno in cui riesci a prevedere la tempesta non riesci più a goderti nemmeno la quiete.

Christian

Acciughe per Alici

Il loft, che io e Matteo abbiamo occupato da circa un'ora, più che l'educato giaciglio di un impiegato romano sembrava l'arrogante magione di un impiegato romano figlio del più grosso avvocato di tutta la capitale, o semplicemente, il set di un film porno. Drappi rossi alle finestre, cristalleria varia sparsa per il salone e addirittura due giaguari di porcellana a fare da guardia al bagno degli ospiti.

Una trashata assurda. Purtroppo il padrone di casa è fuori città quel giorno, altrimenti avrei avuto curiosità da saziare per almeno un mese.

Il campanello suona per la prima volta poco dopo le tre del pomeriggio.

Ci avventiamo sulla porta e la apriamo con la stessa impazienza con cui un bambino si butta sulla torta il giorno del suo compleanno e ci troviamo di fronte un gruppo di cinque ragazze, diverse tra di loro per aspetto e stile, ma identiche per attitudine.

L'inizio non è dei più promettenti: sono tutte troppo giovani per essere credibili oggetti dell'attenzione di De Gregori nel 1974; troppo trendy per essere vagamente interessanti e, appena le chiediamo come mai avessero risposto all'appello del dirigibile, ci rispondono che pensavano si trattasse dei provini per un nuovo reality.

In più, due di loro ci confessano candidamente di non chiamarsi nemmeno Alice.

Le facciamo comunque accomodare lanciandoci occhiate complici, come a dire che, anche se nessuna di loro è evidentemente la donna che stiamo cercando, almeno sono cinque belle fighe. Per sembrare più professionali le "intervistiamo" singolarmente, una alla volta in cucina, mentre le altre devono aspettare il loro turno in salotto.

«E mi raccomando non mettete i piedi sul tavolino di cristallo.»

Ascoltiamo il vuoto pneumatico delle loro testoline fresche di hairstylist, più per iniziare a calarci nella nostra parte che peraltro, come fosse una specie di riscaldamento.

Dopo un'ora e mezza abbiamo scoperto nell'ordine: che Alice 1, nella vita, si reputa una ragazza dolce ma che sa essere stronza al momento giusto, simpatica ma anche introversa e che dedica molte ore della settimana alla cura dei suoi pensieri; che Alice 2 va d'accordo con tutti, che è magra ma in realtà mangia tanto e non va nemmeno in palestra per tenersi in forma, basta bere molta acqua. Che Alice 3 è amica di Alice 2 e che quando escono insieme e qualcuno le chiama per nome si voltano sempre a tempo, trovando la cosa terribilmente esilarante, che è stata buddista per sei mesi e che, per lei, l'amore è la cosa più importante nella vita, perché senza amore non ci può essere vita. "Intesa come forma di vita" specifica lei, qualunque cosa voglia dire, il tutto prima di rivelarci anche che non è vero che Alice 2 non va in palestra per tenersi in forma, e che ha addirittura comprato uno di quei marchingegni che vendono in TV per fare gli addominali.

Ovviamente sono tutte e tre single per scelta, perché stanno aspettando l'uomo adatto che non sia stronzo come tutti gli altri, e secondo loro non è giusto che se un ragazzo si fa tre ragazze in una sera sia un figo e se invece lo fa una ragazza sia una troia. Ma comunque, ci tengono a specificare tutte, a nessuna di loro è mai capitato di fare sesso con più di un ragazzo per volta, ci mancherebbe altro, ma non vuol dire che non si sappiano divertire, anche perché tutti i loro amici dicono sempre che sono le più matte della compagnia.

Vorrebbero lavorare nel mondo dello spettacolo, ma sarebbe come un gioco, perché la cosa più importante di tutte (dopo l'amore) è essere sempre se stesse.

Ecco questo più o meno era il quadro di Alice 1, 2 e 3.

Mentre io e Matteo torniamo traumatizzati in salotto, completamente atterriti dalla sequela di banalità appena ascoltate, per spiegare a Erika e Debora che sì!, chiamarsi Alice era un requisito fondamentale nella nostra ricerca di Alice, notiamo che nel frattempo la stanza si è popolata di tre nuove pretendenti, in questo caso forse addirittura troppo mature, essendo abbondantemente sopra i settanta.

Anche stavolta il nostro entusiasmo viene messo a dura prova dal fatto che una delle tre in realtà era un uomo.

«Salve, possiamo esserti utile?» attacca Matteo.

«Sì, me chiamo Ramiro Selaron y estoy aquí por el appello del dirigibile» risponde lui.

«Mmh... non abbiamo avuto modo di controllare personalmente il testo dell'inserzione, ma siamo praticamente sicuri fosse specificato che stiamo cercando una donna... altrimenti vuol dire che cadranno delle teste al reparto marketing!» proseguo io.

«Sì, sì... claro, se capiva che estabate cercando un'Alice degregoriana, pero yo soy un artista y discreto conoscitore de De Gregori, ci terrei a parlarve de mio projeto.»

Io e Matteo ci guardiamo come a dire che potevamo anche dargli una chance, tanto non avevamo particolarmente fretta, e che magari, anche se non era evidentemente la persona che stavamo cercando, ci avrebbe fornito qualche dettaglio utile, o comunque sarebbe stato divertente.

Mi rivolgo alle altre due new entry, due signore almeno meno improbabili per il trono di "Miss guardagatti".

«Signore, voi avete fretta? Dovete fare... chessò la spesa che poi vi chiude il supermercato? Passare dalla sarta a ritirare le tende o cose così?»

Loro non aprono bocca e rispondono con un movimento ondulatorio del capo appena accennato, che nel linguaggio universale dei segni significa *no, e vedi di non fare lo spiritoso.*

«Ok, perfetto, allora facciamo passare prima...» e mi interrompo, chiedendo aiuto al nostro amico artista, schioccando ripetutamente le dita, che nel linguaggio universale dei segni significa *perdonami, ma non mi ricordo come cazzo ti chiami.*

«Ramiro Selaron!»

«Ecco, facciamo passare Ramiro Selaron. A tra poco, non muovetevi. Sul tavolo dovrebbero esserci dei giornali... roba di gossip!» contraccambio io facendo l'occhiolino che, sempre nel linguaggio universale dei segni, è una delle robe più fastidiose che esistano. Ci sediamo nuovamente intorno al tavolo della cucina e Ramiro l'artista inizia a raccontarci tutto quello che ha fatto finora nella vita. Siamo seduti abbastanza vicini da doverci allontanare a causa dell'odore di alcol, fumo e soffitta chiusa da anni che esce dalla sua bocca.

Credo esista una formula matematica che spieghi l'innegabile connessione tra arte & alitosi.

Colombiano di origine, viaggiatore indefesso per vocazione, Ramiro aveva errato per tutto il pianeta in cerca di qualcosa. Cosa, non è dato sapere, ma lui quel qualcosa lo chiamava "il tutto", anzi "el tuto", facendoci allontanare di mezzo metro per il fetore ogni volta che aspirava le sue vocali. Fatto sta che il buon Ramiro "el tuto" lo aveva incontrato proprio in Italia, e lo aveva trovato dentro una canzone di De Gregori.

«Hanno matado Pablo, Pablo è vivo...»

Pare che in questo ossimoro degregoriano, che continua a ripetere ossessivamente, ci sia, per lui, una delle più sorprendenti verità.

«Sarà per il suono di quel Pablo che gli ricorda tanto la sua terra...» mi sussurra all'orecchio Matte. In realtà, il ritornello di quella canzone, sembrava essere tutto quello che conosce su De Gregori.

«Senti Ramiro... volevamo sapere se tu puoi esserci utile per... Ramiro? Ramirooo?...» non mi sta per nulla ascoltando, e setaccia con lo sguardo da destra a sinistra la cucina dove eravamo seduti.

«Ehi... Ramiro, Ramiro! Guarda me! Ramiro?» tento di catturare la sua attenzione facendogli schioccare le dita davanti alla faccia tre o quattro volte, finché non riesco a scuoterlo dalla sua apparente catalessi, e lui, come una vittima di Giucas Casella, si sveglia improvvisamente per ripartire con il suo personale mantra: «Hanno matado Pablo, Pablo è vivo!».

«Sì, sì! Abbiamo capito... è vivo, ma noi qua stavamo parlando d'altro...»

«Ramiro, dobbiamo incontrare Alice. Ci puoi aiutare?» tenta invano Matteo.

«Pablo! Pablo è vivo!» risponde lui come se fosse convinto di illuminarci con non so quale verità.

Se fossimo in un poliziesco americano, lascerei fare a Matteo la parte del poliziotto buono durante l'interrogatorio, e a questo punto, in quanto poliziotto cattivo, dovrei alzarmi con calma, afferrare con altrettanta calma il pestacarne di ferro appoggiato insieme ad alcune stoviglie sul lavandino accanto a me, avvicinarmi, sempre con calma, al criminale colombiano e rompergli uno zigomo in un impeto di violenza, urlando: "Confessa bastardo, o ti faccio sputare i denti! Cosa sai di Alice eh? Cosa sai? Parla cazzo! parlaaaa!".

Ma non sono pronto per niente di tutto questo. Mi avvicino a lui e con voce tranquilla gli sussurro all'orecchio: «Senti, qua abbiamo i minuti contati e vorremmo riuscire a trovare Alice di De Gregori, proprio come era scritto sul dirigibile che hai letto anche tu. Ora, pensi di poterci essere utile? Perché altrimenti c'è gente che sta aspettando il suo turno in sala. Vuoi essere collaborativo? Ci dai una mano?» e mi volto verso Matteo per cercare un cenno di approvazione nei confronti del mio atteggiamento zen. Lui mi guarda e mi fa ok con la mano con il pollice alto, come Fonzie, strizzandomi l'occhio.

Ramiro mi guarda fisso, senza distogliere lo sguardo per una decina di secondi, prima di chiedermi con voce pacata: «Ma esta es tu casa?».

Non sono sicuro di capire dove vuole arrivare...

«No, siamo ospiti, non sappiamo nemmeno noi di chi sia...» risponde Matteo.

«Allora puedo prendere la bottiglia de vino che está allí?» dice indicando una bottiglia di Nero d'Avola appoggiata alla mensola sopra le nostre teste.

No, cialtrone! Sei venuto per rubare il nettare degli dèi?

Io e Matteo ci guardiamo esterrefatti e quando stavo per mandare a quel paese il nostro artista alcolizzato dall'alito di tuono vengo anticipato dal mio socio che evidentemente preferiva tagliare corto.

«Sììì... sì, certo prendi pure, ma non dire che te l'abbiamo data noi eh?»

«Gracias señor...» risponde lui con tono reverenziale. Io non ci potevo credere.

«Sì, sì, pregos pregos, però adesso vas... vais... prende la puerta... adiós!»

«Viva la revolución!» aggiungo io. Mi sento tagliato fuori.

«Pablo è vivo! È vivo!» sono le ultime parole di Ramiro, prima di sgusciare fuori dalla porta e sparire nel nulla.

È arrivato il momento di Lidia e Rosa.

«Dài, chiama 'ste ultime due...» mi dice Matteo con la stessa euforia con cui un rabbino inviterebbe a cena Adolf Hitler.

«Con queste due pensi di riuscire a impegnarti un po' di più?» chiedo a Matteo.

«Scusa?»

«Sembri svogliato, sei un morto... Cos'hai oggi, non c'hai più voglia?»

«Tu sei fuori! Che tipo di predica è questa?»

«Boh, ti sento demotivato... Prima eri tutto un fuoco di domande! Domanda, domanda, domanda! Adesso sembri il fratello di Andrea Pirlo!»

«No, è che non mi pare ci sia troppo da essere allegri... tutto quello che siamo riusciti a raccattare è un gruppo di cubiste, un alcolizzato colombiano e...» abbassando il tono della voce per paura di essere sentito «e di fatto due vecchie rincoglionite!»

«A parte che anche se parli ad alta voce dubito ti possano sentire, e te la do buona anche sul Picasso della Garbatella, ma con le quattro giovani donne potevi essere un po' più brillante...»

«Cosa dovevo fare? Fare come te che a una hai raccontato di essere veramente un talent scout per i reality?»

«Senti, io le ho solo detto quello che voleva sentirsi dire... almeno è andata a casa contenta! E poi ci potevamo fare un paio di risate...»

«Ma che risate? Vedi qual è il tuo problema con le donne? Non sei onesto...»

«Ma che problema? Io mica la prendevo seriamente quella là... E poi con le donne non puoi essere onesto. Ti fregano subito se sei onesto. Se ti esponi sei finito! È come se Grande Puffo fosse onesto con Gargamella: guarda Gargamella, la nostra tana è proprio laggiù, dietro la cascata... Sarebbe fottuto!»

«Ammazza che filosofia... oltre tutto mi sembra che funzioni no? Con Laura...»

«Cosa cazzo c'entra adesso Laura... Senti se sei nervoso vedi di fartela passare. Volevo solo dirti che mi sembri un po' strano, ogni tanto in questi due giorni, tutto qua... non volevo certo essere messo sul banco d'accusa per come gestisco la mia vita sentimentale!»

«La tua cosa?»

«Senti adesso mi hai rotto i...»

«Scusate se vi interrompo...» arriva una voce di signora a metterci in pausa. «Ma noi tra poco dovremmo proprio andarcene...»

«Sì, ci scusi, entrate entrate...»

«Sì, no, grazie... ma prima volevo anche dirvi che il vostro dirigibile è in televisione!»

Da non credere. Ci catapultiamo sul divano della sala davanti alla TV facendoci spazio tra la borsetta lasciata lì da Lidia e l'ingombrante sedere di Rosa. Una giornalista di Studio aperto sta parlando proprio di noi!

«Hanno trovato un modo bizzarro per farsi notare quelli di "Music Ring", rivista musicale di settore, con distribuzione nel Nord Italia. Gli abitanti della capitale oggi hanno visto svolazzare sopra le loro teste un dirigibile di dieci metri con un insolito appello CERCHIAMO ALICE CHE GUARDA I GATTI. Proprio così! Un appello all'Alice di degregoriana memoria che sicuramente non sarà passato inosservato. Cosa vorrà dire? Cosa staranno cercando veramente? E soprattutto, perché? Dietro tutto questo c'è Leonardo Viviani, direttore e editore della rivista e grande appassionato di musica e stranezze.»

E in quel momento appare sullo schermo in tutta la sua bellezza il grande Viviani, tronfio come non mai e impettito nella sua camicia azzurrina con le ascelle pezzate.

«"Signor Viviani da dove le è venuta questa idea così originale?" "È una trovata che ho avuto un paio di settimane fa quando ho deciso di mandare in giro per l'Italia due ragazzi, due giornalisti della mia rivista, a rintracciare i protagonisti delle grandi canzoni italiane. Era da un po' di tempo che volevo capire chi avesse ispirato canzoni meravigliose come *Sally* di Vasco o appunto *Alice* di De Gregori e la mia curiosità mi ha spinto a voler dare loro voce. I miei giornalisti stanno facendo un ottimo lavoro e sono già in contatto con grandi produttori che da questa mia idea presto potrebbero realizzare un libro o addirittura un film!"»

«Figlio di puttana! Ma hai sentito?»

«Ehhh sì! vedi che l'idea del viaggio non è stata tutta tua?» gli rispondo ironico.

«"Qualche Alice ha già risposto all'appello?" "Da quel che so, centinaia di potenziali Alici hanno già risposto alla nostra chiamata!"»

«Seee un centinaio... quattro zoccole, un ubriaco e due vecchie!» mi lascio scappare di bocca, senza rendermi conto della presenza delle due cariatidi di fianco a noi che mi guardano disgustate. «Cioè vecchie... mature... scusate!»

«E così se Alice sta ancora a testa in su a guardare i gatti oggi potrebbe trovare una gradita sorpresa che parla di lei.»

Alice di De Gregori in sottofondo, mentre la linea torna in studio dove il mezzobusto lancia un servizio sul caldo record.

La forza della televisione, molto spesso, è solo quella di creare confusione e il giorno dopo il servizio di Studio aperto veniamo letteralmente assediati da una folla in cerca di non si sa bene cosa, che vuole a tutti costi vendersi a noi due. Ormai il fatto che stiamo cercando Alice è passato per tutti in secondo piano. Si presentano attori, comici, imitatori, musicisti, band che ci lasciano il demo del loro gruppo punk, artisti di strada e totali buoni a nulla. Di tutto di più.

Ma non basta: la mattina di due giorni dopo, in uno di quei programmi del mezzogiorno della RAI, il simpatico e tozzo Magalli intervista una docente di Letteratura italiana dell'università La Sapienza di Roma, che si esibisce in una lezione di improvvisati tripli carpiati con avvitamento sulla personalità di Alice e sulla poetica degregoriana:

«*Alice*, dall'album *Alice non lo sa* del 1973, è una canzone che sta a metà tra un sogno e un'analisi precisa di argomenti a carattere fortemente sociale. Alice, nel nome, potrebbe richiamare il personaggio di *Alice nel paese delle meraviglie* di Lewis Carroll. La canzone è tripartita in gruppi di due strofe: sono analoghe, così, tra loro la prima, la terza e la quinta, e, a loro volta, la seconda, la quarta e la sesta. Le strofe dispari hanno il medesimo incipit: "Alice guarda i gatti e i gatti guardano nel sole", con una sola variante, quella che consiste nel mutamento del verbo "guardano", che diventa muoiono e nella quinta, girano. Immobile e indifferente come la Natura di Leopardi, Alice lascia che le immagini che ha di fronte mutino col mutare della luce solare: il mondo ruota e si muove intorno a lei che rimane perfettamente immobile e superbamente indifferente.»

Parte a questo punto il pianobarista ospite fisso di *Mezzogiorno in famiglia* con gli accordi di *Alice* e il tozzo Magalli incita all'applauso il pubblico dei figuranti annoiati e distratti dello studio.

Noi: increduli.

«Che cazzo abbiamo creato!» urlo a Matteo che, esterrefatto, rimane incollato al televisore della camera d'albergo.

«Pure questa?!» risponde lui, quasi senza aprire la bocca.

E mentre Magalli va in pubblicità rilanciando il nostro appello all'eventuale (vera) Alice in ascolto, appare in sovrimpressione l'indirizzo di posta elettronica di "Music Ring".

Matteo

«Ma io non ci sto più»

Stiamo cominciando a scoraggiarci.

La fauna di imbecilli che risponde al nostro appello ci sta mettendo nella condizione di un'impietosa analisi di coscienze.

Forse non siamo stati troppo chiari. Forse nessuno ci sta prendendo sul serio.

Forse abbiamo solo avuto un'idea del cazzo che sta smuovendo altre idee del cazzo, di altra gente del cazzo.

Poi questa cosa di Marta, di questo nuovo possibile lavoro, che ogni minuto che passa è un minuto che perdo...

Non posso lasciarmi sfuggire questa opportunità.

Ma la vera ossessione non è se accettare o meno; piuttosto è la scelta del momento e del modo giusto per dirlo a Christian.

E poi, pure al Viviani che ha architettato tutta 'sta pantomima, spendendo pure dei quattrini.

Con che faccia mi presento quando dovrò dirgli che sto per mollare il colpo?

Che Alice non si presenterà mai. Che Alice è solo una delle tante meravigliose intuizioni di Francesco De Gregori ma niente di reale.

La nostre intuizioni, invece, sono realmente ricche di falle e di dettagli fallimentari.

Il nostro viaggio è divertente, certo. Ma fa acqua da tutte le parti.

Pensandoci bene, a chi potrebbe interessare chi è la Paola descritta in *Rosso Relativo* di Tiziano Ferro o il Marco che se ne è andato col treno delle sette e trenta lasciando una giovane Laura Pausini immersa nella sua profonda solitudine? A parte Christian ovviamente... È che Christian su 'sto Marco si è fissato...

Chissenefrega chi è Gloria di Umbertone Tozzi, e chi se ne strafrega di Giulia che ha dato la popolarità alle Vibrazioni.

O Laura di Nek, che lo ha fatto soffrire sparendo e ficcandolo in una situazione di malinco-meaculpa mentre si strombazza un'altra? Dove minchia andiamo a cercarla 'sta Laura?

E poi, tutto sommato è giusto tutto questo?

Quando penso alla trasmissione di Rai Tre *Chi l'ha visto?* mi irrita sapere che qualcuno si ostina in maniera coatta e insistente a cercare chi ha voluto far perdere le proprie tracce.

E qui mi sa che stiamo commettendo un errore simile.

Forse una canzone ha senso per il significato che ognuno le dà.

Non perché qualcuno vuole svelare vizi e virtù di coloro che l'hanno ispirata.

Qui si tratta di una curiosità morbosa che nulla aggiunge alla poesia e al fascino di certe storie che si tramandano di generazione in generazione attraverso l'ascolto individuale o collettivo di una canzone. Che non necessita, però di nessuna didascalia. Di nessuna interpretazione. Di nessun retroscena.

Vaffanculo Matteo, ti sei infilato un'altra volta in un groviglio da scapigliato, esistenzialista, romantico e inconsistente.

E in questo ginepraio ci hai pure ficcato il tuo migliore amico e un visionario facoltoso, convincendolo a tirare fuori del denaro per una tua libido egocentrica e fine a se stessa. Bravo Matteo, ce l'hai fatta un'altra volta.

Il giorno, poi, che ti deciderai a fare qualcosa di costruttivo e di utile, ricordandoti che hai quasi trentatré anni e che il tempo del gioco sarebbe da accostare a quello del lavoro vero, ci farai un fischio...

Ti dice nulla l'età di Cristo? Hai visto che cosa aveva tirato in piedi a trentatré anni? E tu?

Partirò per Berlino. Ho deciso.

Devo trovare il momento per dirlo a Chris.

Davvero, non riesco a prevedere la sua reazione.

Arriva un SMS da parte di Marina.

> Ti ho girato una mail che è arrivata in ufficio. Dagli un'occhiata. È interessante. Baci. M.

«Chris!»

«Oh!, dimmi» risponde dal bagno mentre finisce di farsi la barba.

«Dice Marina che è arrivata una mail. Posso usare il tuo Mac per scaricare?»

«Vai, ma c'è il Wi-Fi in 'sto albergo?»

«Penso di sì, ora controllo. Vuoi vedere che ora ci invitano a qualche programma televisivo ancora per 'sta roba del sommergibile?»

«Dirigibile, fratello, dirigibile...»

Invece, questa è la mail che, con mia immensa sorpresa, mi trovo a leggere tutta d'un fiato e con gli occhi sbarrati:

> Carissimi,
>
> avrei voluto conoscere i vostri nomi per poter indirizzare i miei complimenti per un'idea tanto romantica, quanto bizzarra, direttamente alle persone che l'hanno avuta.
>
> Per ora, mi accontento di scrivere a questo indirizzo così impersonale che avete suggerito.
>
> Ma, in fondo, pare proprio che la ricerca di un'identità sia affare comune, in questi giorni.
>
> Mi chiamo Alice T. e sto rispondendo al vostro appello "volante".
>
> A nulla servirebbe che io vi elencassi i particolari, l'affetto e

gli episodi che mi legano a Francesco De Gregori fin dai tempi dell'adolescenza.

A nulla servirebbe, perché voi potreste comunque scegliere se crederci o no.

Mi limito a dirvi che ritengo di essere la persona che stavate cercando; con questo – mi perdonerete – non intendo presentarmi nel vostro quartier generale tra giovani aspiranti Alici a portare prove che lo dimostrino.

Per più di una ragione.

La prima, naturalmente, legata al rispetto per Francesco, alla sua riservatezza e poi al rispetto per la storia che ha voluto raccontare. E per il punto di vista da cui lo ha fatto.

E proprio quella storia che gli valse l'appellativo di ermetico liceale, ma che, stranamente, tutta l'Italia imparò ad amare, forse pur senza capirla fino in fondo, non dovrebbe essere dissacrata da niente. Tantomeno dalle parole aggiunte di una sedicente Alice. Finta o vera che sia.

Le canzoni, come dice il Principe, non andrebbero mai spiegate.

Però non posso esimermi, a questo punto, dal terminare il discorso per cui ho deciso di scrivervi.

Identità vera o identità fasulla, dicevamo.

Coscienza di sé. O esistenza che si lascia vivere?

Bene, prendiamo Alice; chiunque essa sia.

E poi Irene che fuma vicino a Lili Marlene che si fa bella e che mente sulla sua età.

E Cesare che aspetta la sua ballerina per sei ore sotto la pioggia e il mendicante arabo che cerca fortuna nel suo cappello. Poverini!

Non stanno vivendo. Stanno solo tutti aspettando qualcosa.

E vi ricordate quello sposo impazzito che grida "MA IO NON CI STO PIÙ?". Attraverso la conoscenza e la consapevolezza di quello che vuole (o che non vuole) crea una profonda rottura con comportamenti che gli altri, ignari, ritengono folli.

Lo sposo, nonostante tutto il dolore, VIVE.

La frattura, potente, si definisce nella contrapposizione tra "Alice non lo sa" e "lui lo sa".

Non sapere, dunque, è mentire, mentirsi.

È la menzogna di Lili Marlene che non denuncia la sua età, è la bugia della ballerina che costringe Cesare a tante ore di inutile attesa; è quella del mendicante con un cancro in testa cui Francesco attribuisce (il perché, ancora mi è ignoto, ma non mi interessa saperlo) il valore di portafortuna. È la menzogna di Alice che se ne fregava e osservava la vita che scorreva con incredibile indifferenza.

Lo sposo, invece fa casino. Urla, rompe una normale cerimonia di nozze.

Però è l'unico, in questo gioco, ad avere una voce, un impeto, una reazione.

Una coscienza.

La consapevolezza sta anche nel capire che non sempre i nostri desideri coincidono con quello che il nostro destino ha scelto di offrirci.

Fate di questo ciò che volete.

P.S. Un amico di Francesco, qualche anno dopo scrisse: "Chi si guarda nel cuore, sa bene quello che vuole e prende quello che c'è...". Questo amico, lo sapete, si chiama Ivano Fossati.

Fate tesoro anche di questo.

Vi abbraccio e vi auguro tanta fortuna. Consapevole.

A.

L'avevamo trovata, o meglio lei ha trovato noi. Ancora non ci credo.

Per quello che mi riguarda, il mio viaggio termina qui.

Christian

Inversioni

Credo che sentirsi fregato voglia dire precisamente questo: starsene seduto in macchina e rendersi conto che il colpo di grazia te lo ha dato proprio il tuo socio, e non in un momento qualsiasi, ma esattamente quando ti eri convinto che avresti alzato la coppa urlando vittoria. Un autogol inaspettato nei minuti di recupero.

Me lo ricordo bene cosa ci eravamo detti, quali erano gli accordi: parto con te solo se andiamo a cercare anche "Marco se n'è andato e non ritorna più". "Ma certo Christian, te lo prometto Christian, stai tranquillo Christian." Tranquillo un cazzo. Non me ne fregava niente, all'inizio, di trovare il fidanzato nerd della Pausini, adesso è una questione di principio. Era la mia garanzia. Ok, vengo con te però cerchiamo anche lui. Un capriccio se vogliamo, ma preferirei chiamarlo un sigillo di impegno. Come i Van Halen, che nelle richieste di catering prima di un concerto volevano avere in camerino un chilo abbondante di M&M'S, ma senza quelle marroni. Non è che avessero qualcosa in contrario alle caramelline marroni, né tantomeno un'allergia. Era solo una garanzia per controllare se le loro richieste fossero state prese in considerazione seriamente.

Marco era la mia M&M'S, marrone.

Ma porca miseria, una volta che stavo per portare avanti

qualcosa dall'inizio alla fine, una volta tanto che stavo riuscendo a finire qualcosa che avevo cominciato, vengo lasciato in mezzo a una strada dal mio compare. Dopo tutti i suoi discorsi sull'impegno, la crescita e tutto quanto... vado a Berlino, poi a Londra, forse a Parigi, mi hanno offerto un lavoro e non posso proprio rinunciare... E io pirla a scusarlo ancora... capisco Matteo, ci mancherebbe altro... il lavoro prima di tutto... gli ho detto io. Spero ti ficchino una baguette in culo, a Parigi!, dovevo dirgli, altro che...

Ma poi bastava aspettare un po', non ci mettevamo mica una vita a cercare Marco, poteva almeno fare finta... ma me lo sentivo sotto sotto che c'era qualcosa che non quadrava, era troppo perso nei suoi pensieri. Quando abbiamo ricevuto la lettera di Alice si vedeva che c'era qualcosa che non andava... cioè la lettera di Alice, a lui che ascolta De Gregori da quando è nato. È come se una domenica mi chiamasse al telefono Materazzi per venire a fare due tiri a calcetto con me e i miei amici: mi arrampicherei sui muri dalla gioia, e lo avrebbe fatto anche lui davanti a quella mail. Invece niente, e non mi avrebbe detto nulla del suo nuovo lavoro se non avessi insistito io. Dài, si vede che hai altro per la testa... escluderei un problema di donne, cos'è? Soldi? Famiglia? Lavoro? Matteo, lo sai che a me puoi dire tutto. Che stronzo. Christian mi spiace da morire ma devo andare in Germania per lavoro, il nostro viaggio finisce qua.

Mi giravano così tanto le palle che tutta la mia concentrazione era rivolta al non saltargli addosso e riempirlo di botte, a fare finta di essere una persona ragionevole e calma. Non ho nemmeno capito che cazzo va a fare a Berlino. Che lo sbattessero a fare gli spogliarelli in qualche dark room. Questo si merita.

E invece io sono qua da solo in tangenziale che tento di tornare a casa.

Devo prendere quest'uscita o la prossima? Le tangenziali mi hanno sempre messo l'ansia. Il pensiero di non poter fare inversione a U e non poter cambiare strada quando mi pare, mi fa sentire in trappola. Forse crescere è anche questo. È imparare a capire quando bisogna mettere la freccia e girare con calma dalla parte giusta, evitando di sterzare improvvisamente e fare inversione a U alla cazzo di cane, perché quando la fai, rischi di scombussolare la vita di chi ti sta a fianco e vuole fare la sua strada bella dritta.

Non puoi cambiare rotta, senza preoccuparti di chi è sulla tua traiettoria. Matteo lo ha fatto e mi ha molto deluso, e gliel'ho detto. Mancava così poco.

Sta di fatto che dopo la mia iniziale finta comprensione, la rabbia ha preso il sopravvento e abbiamo litigato, ma di brutto. E quando litigo, il che per fortuna capita raramente, dico un sacco di cazzate. Gli ho detto che io non avrei mai fatto una cosa del genere a un mio amico e lui mi ha risposto che un suo amico avrebbe capito che era una bella occasione per lui e gli ho urlato di ammazzarsi lui e tutti i suoi amici, allora.

Io a lui non lo avrei mai fatto. Però forse ho esagerato. Quanto è piacevole essere dalla parte della ragione e poter giudicare gli altri con la coscienza a posto? Essere il primo a sentirsi una vittima. Ma piantala, Christian, lo sai anche tu che se ha deciso di andare a Berlino ci avrà pensato e ripensato mille volte. Uno come lui poi... Non è questo il motivo per cui ti trovi in macchina da solo, ancora una volta con un lavoro fatto solo per metà. Vuoi veramente portare a termine quello che hai iniziato? Fallo. Pochi cazzi.

Se ci pensi, non è che tu abbia tanto di cui vantarti. Non sei mai stato... bene. Nemmeno mai male, ma di sicuro mai bene. Hai giocato un enorme campionato di metà classifica, un costante pareggio, una X fissa nella colonna delle tue scelte. Certo qualche volta ha dato i suoi benefici, ma forse è tempo di dare una svolta a questa monotonia, no?

Questa sì che sarebbe una bella mossa, un bel modo di dimostrarti qualcosa, un modo per sentirti di nuovo bene, di sentirti uomo, di dimenticare Laura, di far pace con te stesso. Ecco cosa devi fare.

Vatti a cercare Marco e trovalo, e quando lo hai trovato, parlagli e poi torna a casa, chiama Matteo e raccontagli tutto. Anzi chiamalo subito.

«Ohi!»

«Ohi, dimmi!»

«Senti volevo chiederti scusa per prima, è che sei veramente una merda.»

«Questo me lo avevi già detto, hai chiamato per rincarare la dose?»

«No... cioè... sul fatto che avresti potuto almeno parlarmene prima, siamo tutti d'accordo...»

«Sì, ma, Christian...»

«Sì, ma, niente! Siamo tutti d'accordo... spero! Ma ho pensato anche che alla fine ognuno è responsabile della propria vita, e finché si può, si viaggia insieme, e quando le destinazioni sono diverse ognuno deve salire sul proprio treno. Punto e fine!»

«Punto e fine? Ok guru!»

«No, seriamente. Non ti sei comportato bene, e lo sai anche tu, però, punto e fine! È che faccio fatica a tenermi dentro le cose quando sono incazzato, quindi volevo chiederti di fare quattro chiacchere per chiarire il disguido... tutto qua!»

«Be', hai uno stile tutto tuo per farlo, ma la cosa non mi stupisce. Dove sei?»

«Ma che ne so... sono in una strada di campagna mi pare, sono uscito dalla tangenziale ora perché sto tornando indietro... tra l'altro piove e non vedo un cazzo.»

«Indietro da me?»

«Sì, non vado a casa. Vado a cercare Marco domani, magari chiamo pure Lorenzo, il figlio di Anna: mi era sembrato uno simpatico...»

«Ma sì, fai bene...»

«Prima volevo passare da te, dicevo...»

«E quindi ti aspetto a casa? Ceniamo insieme?»

«Yes! Ti faccio uno squillo quando sono in zona...»

«Ok, ci becchiamo dopo.»

«A dopo.»

Un'altra inversione a U evidentemente, ma questa mi sembra necessaria. Appoggio il telefonino sul cruscotto della macchina e alla prima curva, inevitabilmente, scivola sotto il sedile del passeggero. Vorrei avvisare anche mia madre che non sarei tornato come previsto, che mangiavo fuori anche stasera. Sarà una vita che non mangio con i miei. Mia madre dice che sono sempre lontano, e che quando sono a casa, paradossalmente, sono ancora più lontano. Non credo sia vero... comunque avrei voglia di vederli, ma stanotte ho una missione da portare a termine no? Tenendo il volante con una mano mi sporgo verso la mia destra tastando con la mano il tappetino sotto il sedile in cerca del telefonino. Devo comprarmi uno di quegli aggeggi per appoggiare il telefono... è pratico e meno pericoloso. E devo anche cambiare le spazzole dei tergicristalli... questo *gniiik gniiik* che fanno a ogni colpetto è veramente fastidioso. Ecco, forse l'ho trovato.

Lo sfioro con un dito mentre continuo a cercare di tenermi in strada con qualche colpetto leggero al volante... eccolo, ma dove cazzo si è infilato? Non riesco ad afferrarlo... ecco... ecco... ecco qua...

Christian

Per un pelo

Non avevo mai pensato a quale gusto potesse avere il vetro. Comunque, vista la trasparenza, avrei azzardato potesse avere il gusto dell'acqua. Neutro.

Invece è amaro. Molto amaro, e tagliente. Che non è proprio un gusto, ma più che altro una sensazione, tagliente, tra le labbra e i denti. Ho la bocca piena di pezzi di parabrezza andato in frantumi, e per quanto tenti di sputarli la sensazione di soffocamento non migliora.

Matteo mi starà aspettando, ma questa volta, per una volta, quello in ritardo sarò io.

Mi viene da vomitare. Ancora un po'.

Una scusa come la mia, però, lui manco se la sogna.

Sul tettuccio della mia macchina c'è il mio cellulare, vicino ai miei CD di bossanova, a un pacchetto di fazzolettini, a un po' di monete e a una costellazione di schegge di vetro e gocce di sangue.

Fuori dalla macchina vedo il riflesso della luce di un lampione su una pozzanghera.

Ha piovuto un casino stanotte, nonostante sia luglio. Nonostante sia luglio. Come se fosse colpa sua.

A volte hai bisogno di prendertela con qualcuno. Non avrebbe dovuto piovere stanotte.

La luce del lampione riflessa nella pozza sembra la luna.

Grande, brillante e sola. Non si sente un rumore tutt'intorno. Non si sente un rumore più forte del fischio nelle mie orecchie.

Dicono che ti vedi passare tutta la vita davanti agli occhi.

Forse sono uscito di strada da solo. Forse è stato un colpo di sonno, ma non credo. Giro la testa per quanto mi è possibile e tento di esplorare la strada davanti a me. È più deserta della... non mi viene in mente niente...

Sentire che stai per morire, invece, mi è sembrato più simile a un sogno, di quelli che fai normalmente, di quelli legati al subconscio o cose del genere. Credo di aver pensato al viaggio con Matteo.

Non mi è venuta in mente la mia prima comunione o la mia bisnonna che mi accompagna in piscina anche se non volevo andarci, nemmeno la mia prima partita di calcio o quella volta che sono stato sveglio tutta la notte sotto casa del mio primo amore, Carolina, per poi vederla rincasare con uno che non ho mai capito chi cazzo fosse.

Chissà loro dove sono. Chissenefrega. Chissà se gli mancherò. Se diranno che ero proprio un bravo ragazzo e che la notizia li ha scioccati. Chissà se qualcuno si pentirà di essersi comportato male con me e chissà se il suo senso di colpa durerà più di un paio di giorni... Finirò al telegiornale? Non mi ricordo che cazzo di giorno è oggi, ma di sicuro non è sabato.

La cintura di sicurezza mi sta segando il collo, e se riuscissi a sganciarmi mi lascerei cadere giù. Un po' di più.

Dovevo raccontare a Matteo che non avevo resistito, e sono tornato a trovare Laura per parlarle, e che non c'è proprio verso. Le ho chiesto di rimetterci insieme, di ricominciare da capo, felici come eravamo prima, e lei mi ha risposto che, a come eravamo prima, non si può tornare e che avremmo potuto essere, magari, di nuovo felici, ma sicuramente in maniera diversa. Non si torna mai indietro. Men che meno questa volta, a giudicare dall'odore di benzina che mi entra dentro passando dalla bocca, trovando il naso pieno di sangue e moccio.

Da piccolo l'odore di benzina mi piaceva.

Laura mi ha detto che comunque, anche se non esclude che potremmo essere felici, non vuole rischiare, perché adesso ha una casa dove convive con Gigi e un cane, e un rapporto costruito, come la casa, con due anni di fatica, e non se la sente di buttare al vento tutti gli sforzi che ha fatto. Io ho obiettato che a volte, quando si investe tanta energia in qualcosa, si rischia di innamorarsi più dello sforzo che si è fatto, che di quello che si è ottenuto, e in quei casi si ha paura di buttare via tutto, ma io ero lì per attraversare tutto insieme, per dividere la fatica, per lei.

Non mi ha guardato negli occhi ma mi ha detto che no, proprio no, non poteva rischiare tutto.

Perché lei non è qua? Perché non c'è nessuno?

A Matteo avrei dovuto raccontarlo. Erano le stesse cose che diceva lui.

Aveva ragione lui. Anche se continuo a non essere d'accordo.

Cazzo, mi fa male dappertutto e mi sento svenire.

Mi esce dalla bocca un misto di riso e pianto, ma forse è più una risata. Mi sono sempre chiesto se sarei mai riuscito a vedere l'Inter vincere lo scudetto prima di morire...

Per un pelo, penso. E rido. E vomito.

Sento un fischio nel fischio delle mie orecchie, sempre più vicino, finché non distinguo nettamente il rumore di un'orchestra di sirene prima, e di gente che corre e urla dopo. Ma sento che mi sto addormentando. Di nuovo per un pelo.

Matteo

Che Dio la manda

Come una bastonata che ti arriva improvvisa dietro il collo e ti tramortisce a terra e quando ti rialzi non comprendi cosa sia successo.

Così è arrivata la notizia più crudele, più definitiva e inaspettata dal cellulare della mamma di Christian.

Vaffanculo Chris, vaffanculo fratello mio.

Proprio oggi che avevo deciso di partire e di tradirti. Per non tradire me.

Cosa c'entra adesso, tutto questo? Che razza di gioco è?

Ti stavo aspettando. Mi avevi detto che saresti arrivato a casa per cena.

Ho la bocca asciutta, e i muscoli e i nervi che non riescono a stare fermi.

Ho freddo, un freddo, un freddo cane, con trenta gradi che ci saranno fuori. Rimango impietrito sul mio divano colorato con le valigie pronte davanti a me. Con la mia felicità a un metro, sparpagliata in mezzo ai vestiti e alle cose che avevo deciso di portarmi a Berlino. Chiamo mia madre e non mi esce la voce. Ho bisogno di sentire la sua perché possa tranquillizzarmi, come sempre fa, dicendo che non è vero, che sono esagerato come mio solito, e che appena mi calmo passerà tutto.

Vaffanculo Chris, adesso prendo la macchina e vengo all'ospedale e mi metto a urlarti addosso e non esco di lì finché non esci tu. Questa volta hai esagerato.

Mia madre al telefono mi implora di non uscire di casa e di aspettarla. Non vuole che mi metta in macchina in queste condizioni. Io non riesco a calmarmi e richiamo Antonella, la mamma di Chris, per sapere se ha avuto, nel frattempo altre notizie.

Vaffanculo Christian. Nessuna notizia. Solo quella che un'autoambulanza ti ha portato all'Ospedale maggiore di Niguarda al reparto Rianimazione. Do appuntamento a tua madre da lì a poco. Mi metto le scarpe, spengo il fuoco da sotto l'acqua della pasta, che nel frattempo si è dimezzata lasciando i bordi della pentola bianchi di calcare, e corro giù verso la macchina. Ho paura. Ed è una paura che divora la pancia e le viscere. Sento solo quella. Che è un misto di dolori. Tra la gola, il petto e lo stomaco. Mi gira la testa e non ricordo dove ho parcheggiato la Clio. Sento il cuore che mi batte negli occhi; sento il sangue che gira vorticosamente nel cervello e l'adrenalina che spazza via la ragione. Alla fine della stradina che unisce casa mia con corso Lodi ritrovo la macchina dove l'ho lasciata ieri sera. Metto in moto. Mi richiama mia madre per sapere che cos'ho deciso di fare. Mi chiede di andare piano. Andrò piano, andrò piano. Andrò normale. Tanto Chris, qualunque cosa debba succedere mi sta aspettando... Chris mi aspetta.

E intanto passo col rosso al primo semaforo. Respiro, respiro e il fiato si spezza a metà. Per avere l'aria che mi serve devo respirare il doppio delle volte. Piove che è uno sfacelo. Milano è allagata, buia e deserta.

Eccola la vita che è un'altra cosa. Ecco cosa intendeva esattamente quel saggio, profeta di 'sto cazzo ubriaco. Si passano ore infinite a ipotizzarla e quando l'hai ipotizzata e ordinata per bene lei ti alza il dito medio.

Squilla di nuovo il telefono: penso sia il caso di collegare l'auricolare per evitare di fare stronzate. Non avrei la prontezza di salvarmi la pelle in questo momento, in caso di necessità.

Numero privato.
«Pronto?»
«Matteo?»
«Sì, chi parla?»
«Sono la Bea, ti ricordi? Ci siamo conosciuti quest'inverno alla festa della Jessica. Volevo sapere se eri a Milano, così ci si poteva vedere, in questi giorni. Mi avevi detto tu di chiamarti, ti ricordi...?»
«Ehm, sì, scusami, Bea, ma mi becchi in un brutto momento.»
«Ah, scusa, ma sai, io sono rimasta qui, quindi stavo cercando di capire chi c'è e chi non c'è, a Milano quest'estate così nel caso organizziamo una cenetta. Tu eventualmente, ci saresti in settimana?»
«Non lo so, davvero adesso non posso. Ci sentiamo. Ciao» e riaggancio. Ma chi cazzo è quest'imbecille? Che cazzo c'entra adesso questa demente?
Avevo deciso. Io. Avevo deciso per quanto spettava alle mie facoltà. Avevo deciso di provare a rischiare anche la felicità e di scegliere una strada piuttosto di un'altra, invece, ancora una volta sceglie la vita. In questo caso, addirittura la vita di Chris, anche per la mia.
La determinazione di qualche ora fa, le aspettative, poi di nuovo lui, che ancora una volta incide prepotentemente sul corso delle cose.
La strada tra casa mia e l'Ospedale Niguarda sembra infinita. Il tempo non è tempo e lo spazio è distorto.
In macchina tengo sempre una confezione monodose di Gentiana, un farmaco omeopatico che mi ha consigliato il mio medico. La butto giù tutta d'una fiato e sento i granulini che si fermano sulle pareti della gola. Se avessi lo Xanax, ora non avrei dubbi se prenderlo o no. Direttamente dalla boccetta, come da piccoli con il latte condensato.
Christian, amico mio, adesso lo so che mi farai l'ennesimo scherzo e ti farai trovare in un letto d'ospedale tutto fasciato stile mummia come nei cartoni animati e per farmi ridere caccerai fuori qualche battuta imbecille e ne uscirai ancora

una volta vincente. Lo so. Vero Chris? Dài, adesso arrivo e sarai tu a calmarmi.

Suona di nuovo il cellulare. È Antonella: sta arrivando insieme al marito. Hanno già imboccato l'autostrada e saranno a Milano non prima di un'ora e mezza. Dice che l'hanno richiamata dall'ospedale e che quello che si sa, per ora, è che suo figlio è incosciente ma ancora vivo.

Come sarebbe a dire *ancora* vivo? È logico che Christian è vivo. Cosa c'entra *ancora*?

Diomio, Diomio... Digli che sto arrivando. Diglielo e poi mettiti da parte. Cioè, no. Stagli vicino... insomma hai capito no?

Porta Venezia, piazza delle Repubblica, via Melchiorre Gioia, via Sondrio, viale Zara, viale Ca' Granda... Quante volte ho fatto questa strada... Per metà, la stessa che faccio per andarlo a prendere a casa. La conosco a memoria, potrei farla a occhi chiusi. Ora, invece, mi sembra un circuito infernale degno degli incubi più terrificanti. Non finisce mai. Non arrivo mai.

Ogni istante che passa è una scarica elettrica, ho le mani sudate, e pure tutto il resto del mio corpo è congelato. I pensieri, quelli no. Quelli vanno velocissimi e non si mettono in ordine.

Chris, restano un miliardo di cose da fare. E ancora di più da dire. Christian, tieni duro. Tieni duro, perdio! Tieni duro.

A mezzanotte e dodici parcheggio la Clio nel piazzale davanti al pronto soccorso. Vicino al chiosco dei fiori. È chiuso, e dalla tettoietta di ferro verde scende la pioggia formando una cascata d'acqua fitta e sottile che sembra una lamina di alluminio. Mi metto a correre verso l'entrata dell'ospedale e chiedo ai guardiani dove si trova il reparto di Rianimazione. Sono fradicio, ricomincio a correre lungo il vialetto interno che divide i blocchi di quello che, più che un ospedale, sembra un intero paese. Corro velocissimo; dalle mie scarpe inzuppate escono spruzzi di acqua ogni volta che appoggio i piedi a terra. Raggiungo l'edificio A5, aspetto l'ascensore e guardo tutto attorno a me i muri di un palazzo fatiscente costruito probabilmente durante il Fascismo; sulla destra una rampa di scale illuminata a mala pena da una luce al neon angosciante. Penso che a farlo apposta, per un luogo come quello, una luce peggiore non si sarebbe potuta azzeccare.

Salgo al terzo piano. In un reparto di quelli che normalmente si vedono solo nei film, quando non ti capita la sventura di finirci dentro davvero.

Qui tutto è pulitissimo e perfetto. I muri bianchi e il pavimento dei corridoi verde. Su un lato una fila di sedie di plastica rosse dove non è seduto nessuno. A cinque metri dall'uscita dell'ascensore c'è una grossa porta con i vetri satinati e sulla sinistra un campanello e un citofono.

Suono. Poco dopo mi viene incontro un'infermiera con la divisa verdina e la mascherina per la bocca calata sul collo che mi chiede chi mi ha fatto entrare e perché sono lì.

Le rispondo con la voce tremante che non c'era nessuno di sotto, anche se l'istinto sarebbe quello di scansarla e di urlarle di farmi entrare senza fare domande stupide. Le chiedo di Christian. Lei mi risponde di aspettare un minuto e richiude la porta.

Passa giusto un minuto, vedo tornare la sua ombra attraverso il vetro opaco, riapre. Mi consegna un asciugamano bianco e duro; un camice di carta verde scuro, una mascherina e una specie di cuffietta per i capelli che non ho. L'occasione per un sorriso e per ringraziarla. So che siamo fuori procedura. So che l'accesso in questo reparto ai confini del mondo è consentito solo a un parente stretto. So che si tratta di un'eccezione perché l'infermiera Elsa ha capito che sono disperato e inzuppato, e ha un cuore non burocrate. Le richiedo di Christian. Mi risponde con voce calma ma decisa di asciugarmi e di indossare la divisina da allegro chirurgo. Mi accompagna lungo il corridoio e non insisto con domande di cui, forse, non vorrei sentire la risposta. Se ancora non mi ha detto niente è perché o non sa, o non può, o è meglio che taccia.

Elsa mi prende per mano ed è come se avesse già capito tutto. Elsa ha tutta l'aria di essere una che in quel reparto ci sta da tanto e ne ha viste davvero di ogni. Ha un corpo robusto, due seni grandi e un taglio di capelli che sottende a una certa vanità che la sua fisicità farebbe fatica a esprimere. Elsa sta zitta, mi stringe il polso come se mi volesse dire qualche cosa o come se mi implorasse di stare zitto. Non dice nulla e io sto zitto. Arriviamo in fondo al corridoio, dentro di me sento qualcosa diverso da qualsiasi cosa sentita finora.

«Stai un po' col tuo amico» solo questo dice Elsa, aprendo la porta dell'ultima stanza. Poi mi stringe una spalla e se ne va.

Tra tutte le cose che avremmo potuto fare insieme, tu hai scelto l'unica che devi proprio fare da solo. Qualunque cosa tu decida di fare adesso, la farai da solo.

E che bello sarebbe se, come nei più prevedibili e stucchevoli film americani, ora tu cominciassi a muovere prima gli occhi, poi le mani, e, tutto a un tratto, come un miracolato qualunque, ti levassi, strappandoli, come si fa con le erbacce inutili, questi quattro tubi che ti ingozzano di ossigeno e di una vita che non è più la tua.

E invece, no. La vita è un'altra cosa; fuori dai film e fuori anche dalle canzoni. E invece no, lo so che tu, adesso, deciderai di andare fino in fondo perché sei un cocciuto del cazzo.

E io lo so, perché ti conosco, che in questo momento, se solo potessi, mi sfodereresti un sorriso beffardo dei tuoi, pronto ad accompagnare la tua battuta migliore.

E invece, no. E invece ora te la rubo io l'ultima parola.

Palmizio, Chris. *Palmizio*, amore mio.

Arnoldo Mondadori Editore S.p.A.

Questo volume è stato stampato
presso Mondadori Printing S.p.A.
Stabilimento Nuova Stampa Mondadori - Cles (TN)

Stampato in Italia - Printed in Italy